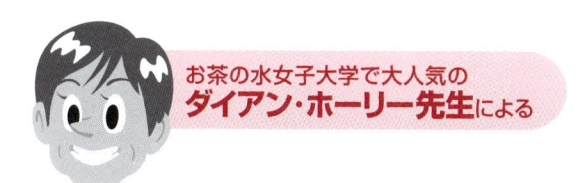

お茶の水女子大学で大人気の
ダイアン・ホーリー先生による

英語がしゃべれるトレーニング・ブック

ダイアン・ホーリー・ナガトモ
お茶の水女子大学 准教授
［著］

ナツメ社

はじめに

　英語を自由自在にしゃべりたい。それは夢の1つだと思っていませんか？しかしそれは夢でも何でもありませんし、難しいことでもありません。実は英語は、簡単な文法の基礎と日常生活に必要な最低限の単語を知っていれば十分に話すことができるようになるからです。

　でも、英文法の知識が十分にないと英語は話せないんじゃないの？　それに語いもそんなに豊富じゃないし……。中にはこのように思う方もいらっしゃるでしょう。しかし、そうではありません。日常会話で使う文法のパターンや単語の数は驚くほど限られています。あなたの英語を上達させるかぎは、英語という道具をどのように手に入れ、そしてそれをどのように上手に使いこなすかにかかっているのです。

　難しい文法や専門用語をいくら覚えてもそれを意思疎通の道具として使いこなせなければ意味がありません。実際、本書に使われている単語は日常使われているごく基本的な英単語ばかりですし、数もすべて合わせてもわずかに1250語程度です（私はこれを「英会話用基本語い1250」と名づけました）。そして、本書を読めばおわかりいただけるとおり、**この1250語をマスターするだけで一通りのことが話せるようになります。**

　しかし、いくらマスターすべき単語数が少なくても、英語を話せるようになる具体的な訓練方法が伴わなければ英語を話せるようにはなりません。この英会話の効果的な訓練方法は、これまで本で表現することはとても難しいことだと考えられてきましたが、**私が新たに開発した「たった4つの英会話トレーニングメソッド」に基づいて行えば、短時間でかなりのことが話せるようになります。**

　そこで本書を手に取ってお読みいただける皆さんにお願いしたいことが1つあります。それは、本書は英会話トレーニングマニュアルですから、本書で勉強するときには、黙読しないで必ず、書かれている例文を声に出してはっきりと話すことから始めるということです。自分で実際に口に出して言ってみることがとても大切なのです。そして、何度も反復練習をしてください。これを実践すれば、あなたも必ず英語が思うように話せるようになります。この本はあなたの夢を現実にするための最初のステップなのです！

2009年1月

ダイアン・ホーリー・ナガトモ

Contents

はじめに ……………………………………………………………… 3
本書の構成と利用法 ………………………………………………… 8

Chapter 1 「単語力を高める」 …………………………… 15
＊テーマに関連する英語を次から次へと連想するトレーニングです。短い時間で思いつく単語が多くなるほど、話をふくらませる会話の素地ができ、単語力が飛躍的に伸びます。

Chapter 1 トレーニング・マニュアル ………………… 16

HOP 1-1 ……………………………………………………………… 20
　子どもたち　　自宅　　妻　　子どもとの時間
HOP 1-2 ……………………………………………………………… 22
　通勤　　職場　　部署　　残業
HOP 1-3 ……………………………………………………………… 24
　英語を磨き直す　　留学　　毎日の英語学習　　職場の英語
HOP 1-4 ……………………………………………………………… 26
　上京　　家族の心配　　独り暮らし　　アルバイト
HOP 1-5 ……………………………………………………………… 28
　ゴルフ　　バレーボール　　ハイキング　　スキー
HOP 1-6 ……………………………………………………………… 30
　海外旅行　　お金と時間　　国際線　　旅行情報
HOP 1-7 ……………………………………………………………… 32
　春　　夏　　秋　　冬
HOP 1-8 ……………………………………………………………… 34
　出身地　　同窓会　　先生　　専攻
HOP 1-9 ……………………………………………………………… 36
　ピアノ　　好きな音楽　　コンサート　　カラオケ
HOP 1-10 …………………………………………………………… 38
　喫茶店　　イタリア料理レストラン　　メキシコ料理　　カレーライス

STEP 1-11 …………………………………………………………… 40
　自転車で　　車で　　電車で　　飛行機で
STEP 1-12 …………………………………………………………… 42
　病院　　朝の散歩　　ジム　　ストレス解消
STEP 1-13 …………………………………………………………… 44
　携帯電話　　コンピューター　　DVD　　マンガ
STEP 1-14 …………………………………………………………… 46
　血液型　　星占い　　バレンタインデー　　お誕生日
STEP 1-15 …………………………………………………………… 48
　津波　　雷雨　　台風　　地震

コラム① 中・高で学んだ英語をほぼ忘れた状態からのアメリカ生活 …… 50

Chapter 2 「作文力を高める」 …………………………… 51
＊英語の表現パターンを身につけ正しい語順を考えるトレーニングです。英語の特徴を理解し簡単な作文を瞬時に作り上げることで、驚くほど英語が早く話せるようになります。

Chapter 2 トレーニング・マニュアル ………………… 52
HOP 2-1 ……………………………………………………………… 56
　① I am ／ You are ／ He/She/It is　② This is/These are ／ That is/Those are

HOP 2- 2 ･･ 58
　① There is ／ There are　② Let's
HOP 2- 3 ･･ 60
　① I will ／ We will ／ You will ／ He ／She will　② be going to
HOP 2- 4 ･･ 62
　① what　② who ／ which
HOP 2- 5 ･･ 64
　① when ／ where ／ why ／ how
HOP 2- 6 ･･ 66
　① How many　② How much
HOP 2- 7 ･･ 68
　① don't/doesn't ／ didn't　② Do/Does ～ ? ／ Did ～ ?
HOP 2- 8 ･･ 70
　① can/can't ／ could/couldn't　② Can ～ ? ／ Could ～ ?
HOP 2- 9 ･･ 72
　① have to　② should
HOP 2-10 ･･ 74
　① think of＋-ing　② plan ＋to不定詞

STEP 2-11 ･･･ 76
　① want ＋to不定詞　② would like ／ Would you like ～ ?
STEP 2-12 ･･･ 78
　① It takes/took ／ It costs/cost　② need+to不定詞
STEP 2-13 ･･･ 80
　① tell＋人+to不定詞　② ask＋人+to 不定詞
STEP 2-14 ･･･ 82
　① It is＋形容詞　(lucky, great, fun, strange, hard, sad)
　② I am＋形容詞　(lucky, happy, glad, sure, sad, sorry)
STEP 2-15 ･･･ 84
　① have ／ haven't　② Have ～ ?

コラム② 不定詞と表現力を飛躍的に高める魔法の言い回し ･････････････ 86

Chapter 3　「表現力を高める」 ･･････････････････ 87

＊1つの日本文に対して2種類の英文を作るトレーニングです。複数の言い方で表現するトレーニングは、自分で言いたいことを瞬時に英語にする表現力を養います。表現の幅も広がり、会話力がグーンとアップします。

Chapter 3　トレーニング・マニュアル ･･････････････ 88

HOP 3- 1 ･･ 92
　私はスポーツが大好きです／私は箱根に車で行きました／昨日はいい天気でした
HOP 3- 2 ･･ 94
　私の血液型はAB型です／私はピアノを弾くことが好きです／もう一度言っていただけますか
HOP 3- 3 ･･ 96
　公園に犬が3匹います／私はカナダに行きたいです／友達が、私が読みたかった本をくれました
HOP 3- 4 ･･ 98
　私は新しい携帯電話を買おうと考えています／私は今日、医者に行きます／私の妻は郵便局でパートをしています

HOP 3- 5 100
この電車は混みすぎています／あのイタリア料理店で食べましょう／私はバレーボールクラブのメンバーでした

HOP 3- 6 102
私は大学で経済学を専攻しました／来週、私の家にいらっしゃいませんか？／昨夜、テレビでいい映画をやっていました

HOP 3- 7 104
私は映画館へ行くよりも、DVDを見るほうが好きです／私はとても疲れていたので、昨夜は出かけませんでした／カレーライスを作るのは、とても簡単です

HOP 3- 8 106
空港へはどれくらいで行けますか／私は今晩、友達と食事をする予定です／私は昨日、電車で財布を見つけました

HOP 3- 9 108
そこへは20分くらいで着きます／冬にはたくさんの雪が降ります／1月にたくさんのセールがあります

HOP 3-10 110
あのレストランは高すぎます／このコートは半額でした／私の娘はコンビニで働いています

STEP 3-11 112
作家は本を書くのに多くの想像力を使います／あの映画は若い人に人気があります／警官はかばんの中にお金を発見しました

STEP 3-12 114
ジョギングでスリムになれます／その説明書は簡単な英語で書かれています／牛乳は冷蔵庫にしまっておくべきです

STEP 3-13 116
私の朝の日課は新聞を読むことです／自分の意見を英語で表現することは難しいです／聞こえないので、もっと大きい声でしゃべってください

STEP 3-14 118
車を停める場所がありません／私の一番好きな食べ物はイタリア料理です／あなたの電話番号を教えてもらえますか

STEP 3-15 120
マリさんはこの秋に一郎君と結婚するらしいよ／喜んであなたのお手伝いをします／今晩、映画を見に行きませんか

コラム③ ゲーム感覚の学習法 122

Chapter 4 「会話力を高める」 123
＊話の流れと文と文の関連を意識しながら英文を組み立てるトレーニングです。話を展開させる力を磨くことで、ふくらみのある会話力が身につきます。

Chapter 4 トレーニング・マニュアル 124

HOP 4- 1	人と会う 128
HOP 4- 2	仕事（1） 130
HOP 4- 3	仕事（2） 132
HOP 4- 4	タクシーに乗る 134
HOP 4- 5	電車 136
HOP 4- 6	空港で 138
HOP 4- 7	機内で 140
HOP 4- 8	ホテルで 142
HOP 4- 9	家族 144

HOP 4-10	買い物	·············	146
HOP 4-11	レストランで	·············	148
HOP 4-12	映画	·············	150
HOP 4-13	スポーツ番組を見る	·············	152
HOP 4-14	バーベキューをする	·············	154
HOP 4-15	結婚	·············	156
HOP 4-16	お誕生日	·············	158
HOP 4-17	音楽	·············	160
HOP 4-18	コンピューター	·············	162
HOP 4-19	車	·············	164
HOP 4-20	ペット	·············	166
STEP 4-21	天気	·············	168
STEP 4-22	道をたずねる	·············	170
STEP 4-23	電話をかける	·············	172
STEP 4-24	招待・勧誘	·············	174
STEP 4-25	具合が悪い	·············	176
STEP 4-26	驚く知らせ	·············	178
STEP 4-27	悲しい知らせ	·············	180
STEP 4-28	性格について話す	·············	182
STEP 4-29	人をほめる	·············	184
STEP 4-30	意見を述べる	·············	186

コラム④ 言語習得はスポーツと同じ反復練習が決め手！ ············· 188

Chapter 5 「トライアルメニュー」 ············· 189

＊Chapter 1〜4までのトレーニングの総仕上げです。学習したことをもとに、会話を完成させる・物語を話す・対話を考える、などのメニューをこなすことで、英会話の実践力をさらに強化します。

トライアルメニュー1「会話を完成させよう！」 ·············		190
5- 1- 1	·············	190
5- 1- 2	·············	192
5- 1- 3	·············	194
5- 1- 4	·············	196
5- 1- 5	·············	198
トライアルメニュー2「物語を話してみよう！」 ·············		200
5- 2- 1	·············	200
5- 2- 2	·············	202
5- 2- 3	·············	204
5- 2- 4	·············	206
5- 2- 5	·············	208
トライアルメニュー3「対話を考えよう！」 ·············		210
5- 3	·············	210

■「英会話用基本語い1250」リスト ············· 214

本書の構成と利用法

　本書は、なかなか英会話がマスターできないという方を対象に、短期間で英会話がマスターできる具体的なトレーニング方法を、Chapter 1 から Chapter 4 までの「**4つの英会話トレーニングメニュー**」にまとめて紹介したものです。

　執筆者である、ダイアン・ホーリー・ナガトモ先生は長年、日本の大学で英語を教えてきており、日本人が英語をしゃべるときに間違えやすいポイントや、日常会話をマスターするのに最低限必要な学習すべき項目を熟知しています。また、ご主人の長友 信氏は、ご自身が英語がほとんどできないレベルからネイティブレベルにまでたたき上げてきており、いわば英語学習の階段の一段一段を、アメリカ生活という体験を通して登ってきた経験の持ち主です。

　本書はこのお二人が、ご自身の知識と経験をもとに、「本当に英語がしゃべれるように」また、これまで書籍の中では実現が難しいと考えられてきた「**英語が話せることを実感してもらえる本**」を目指して作成したものです。

　これまで、英会話をマスターするのに障害になると思われてきたことが2つあります。それが覚えるべき単語数と英文法項目でした。本書では「**英会話用基本語い1250**」と「**英会話用使える基本英語パターン30**」をマスターすることで日常会話をする上で、ほぼ困らない英語力を身につけることを目指しています。イギリスの Pearson Education 社が行ったコンピューターを使った統計によると、日常使用する基本語い2000語で日常会話のほぼ80％をカバーしていると言われています。残りの20％が使用頻度が少ない、やや難しい語い群になります。本書の「1250」というのは2000語には少し足りませんが、この「**英会話用基本語い1250語**」をマスターするだけで、かなりのことが話せるようになります。

　また、英文法についても、難しいものは一切なく、本書で紹介する「**英会話用使える基本英語パターン30**」を学習し、中学・高校時代に学んだ英文法の情報を少しばかりアップデートするだけで十分対応できます。

　次に、本書の効果的な利用法を説明します。

【本書の効果的な利用法】

　本書は、「英語が自然に口を突いて出てくる」ことを目標に、最も効果的なトレーニングメニューを紹介し、「紙上で実践する」ことができることを目的にして作成されています。

　本書はこの英会話の練習を体系的に、かつ効率よく、かつ短時間で行えるように作成してあります。そのために下記の4つの英会話専用トレーニングを行います。

Menu 1　英単語連想トレーニング
ある与えられたテーマについて英語で話すことを想定して、思いつく限りの単語やイディオムを次から次へと、連想するトレーニング

Menu 2　使える英語表現パターンと正しい英語の語順を身につけるトレーニング
英会話に頻出する表現パターンを身につけ、正しい語順を考えるトレーニング

Menu 3　表現力養成トレーニング
1つの日本文に対して2種類の英文で表現するトレーニング

Menu 4　英会話力強化トレーニング
あるトピックに関連する実際の会話を想定しながら、文と文の関連を意識して英語で話すトレーニングと、そのトピックの関連表現を覚えるトレーニング

> すべてのトレーニングにおいて最も重要なことは**制限時間内に声に出して言う**ということです。制限時間内のトレーニングは実際に英会話をする状況で、スムーズに会話を運ぶことのできる実力をつける効果があります。また、声に出すトレーニングは、口で言うことと耳で聞くことにより、より効果的に英語が頭の中に定着します。
> では、それぞれのチャプターについてご説明します。

Chapter 1　「単語力を高める」

　ここでは、「新しい英語の神経回路を頭の中に新たに作り出す」ことと単語力をつけることを目的としてトレーニングを行います。このために、「通勤」「英語を磨き直す」といったテーマ別に関連する英語をすばやく考え、口に出すトレーニングを行います。

　「英語を話す」あるいは「英語で考える癖を作る」には、「『りんご』は英語でappleと言う」「『起きる』は英語ではget upで、『見る』はlook atだ」といった、これまでに読者が覚えてきた英単語や熟語を思い出すという作業を繰り返すだけでは不十分です。英語を含め、言葉は断片的に単語や熟語を覚えるだけでは話せるようになりません。

　言葉を話す際には、必ずあるシチュエーションが存在します。自分の経験を話すときを考えても、必ず自分が置かれた状況を頭に思い描きながら話すものです。そこで、英語を話す状況を制限して、その中で必要になる英語の語群を考え出すという作業がトレーニングとして必要になってきます。そこで、**Chapter 1では、読者の頭の中に「英語の回路を作り出す」ということを主眼においた、英単語が自由に思いつくようになるトレーニングをします。**この回

路ができないと英語はうまく話せるようになりません。

【トレーニングの進め方】

　皆さんはまず問題にある日本語の「背景情報」を読みます。次に、ここで設定した状況を頭に入れて、その状況を英語で説明するときに必要になる単語やイディオムを、HOP編では1回目3つ、2回目5つ以上、STEP編では1回目5つ、2回目8つ以上をそれぞれ1分以内で声に出して言います。

　解答は、右ページに訳した「背景情報」の英文訳中にある単語やイディオムが読者の解答として出ていれば正解とします。また、それ以外のものでも「背景情報」の日本語に合うものであれば正解です。

トピック　子どもとの時間

④　私は、末の子どもが寝ている時間に仕事から帰って来ることがよくあります。それで土曜日には私たちは公園に行き、キャッチボールやサッカーをして遊びます。

第1回　（　）-（　）-（　）
第2回　（　）-（　）-（　）-（　）-（　）

④ I often get home from work when my youngest is sleeping. So, on Saturdays, we go to the park to play catch or soccer.

Model Answer （get 着く）-（home 家に）-（work 仕事）-（youngest 最年少）-（sleep 寝る）-（go 行く）-（park 公園）-（play をする）-（catch キャッチボール）-（soccer サッカー）

参考 get home は come home と言っても同じ意味です。日本語の「キャッチボール」は和製英語で、英語では **play catch** となります。play は「遊ぶ」以外に「(スポーツ) をする」の意味もあります。

Chapter 2　「作文力を高める」

　英会話がスムーズに行えるようになるには、それなりの英会話用ツールが必要になります。この英会話用ツールが**「使える英語パターン30」**です。これを覚えるだけで、楽に英語の文が次から次に出てくるようになります。

　Chapter 2では、英語を話すときに必要となる英文の基本的な構文のパターン30を紹介し、これを使いこなすトレーニングを積むのと同時に英語の正しい語順を身につけることで、皆さんに自在に英文を作り出せるようになるトレーニングをします。

　英語を話すときに大切な要素になるのが、自然な発想の英文を作り出すというトレーニングになります。英語で話すのですから、英文の表現パターン（I am や I have などの主語と動詞を一緒にした英文の基本パターン）は外国人を含め、だれもが理解できる英語共通のパターンにしておく必要があります。その基本的な英語パターンを理解することがこのチャプターでのねらいになります。

　日本人は日本語を英語に直すときに、日本文の主語を英語の主語に置き換えて英文を作ろうとします。実はこれが日本人の英語を外国人に通じにくくしている一番大きな原因です。たとえば、次のような日本語を英語に直してみましょう。

「東京は人がとても多い」

　この文は多くの人が、東京を主語にして Tokyo is a lot of people. としてし

まいます。しかし、これは英文としては誤りで、少なくとも Tokyo has a lot of people.としなければならないのですが、こうした場合に最もよく使う言い方が **There is /areという英語パターンを使った言い方**です。英語では、「多い・少ない」を表す場合は、manyや fewといった形容詞だけを考えるのではなく、Tokyo has many 〜や There are many 〜のように英語パターンの中で覚える必要があります(これが今まで表現としてだけ提示されることが多く、この表現の使い方についてはあまり触れられてこなかった点になります)。この英語パターンを使うことにより英文がいっそう自然になり、こうした英語パターンを使いこなせるようになると、英語で思いのまま話すことが可能になります。There are so many people in Tokyo. これが英語の自然な発想の仕方になります。

　本書で取り上げる**「使える英語パターン30」**は下記のとおりです。

1. I am ／ You are ／ He /She/It is
2. This is/These are ／ That is/Those are
3. There is ／ There are
4. Let's
5. I will ／ We will ／ You will ／ He /She will
6. be going to
7. What
8. who ／ which
9. when ／ where
10. why ／ how
11. How many
12. How much
13. don't/doesn't ／ didn't
14. Do/Does 〜 ? ／ Did 〜 ?
15. can/can't ／ could/couldn't
16. Can 〜 ? ／ Could 〜 ?
17. have to
18. should
19. think of ＋ -ing
20. plan ＋ to 不定詞
21. want ＋ to do
22. would like ／ would you like 〜 ?
23. It takes/took ／ It costs/cost
24. need ＋ to 不定詞
25. tell ＋人＋ to do
26. ask ＋人＋ to do

27. It is ＋形容詞 (lucky, great, fun, strange, hard, sad)
28. I am ＋形容詞 (lucky, happy, glad, sure, sad, sorry)
29. have ／ haven't
30. Have ～?

【トレーニングの進め方】

問題の日本語を読み、使える英語パターンを使って（ ）内の英語を並べ替え、1問30秒以内で日本語を英語に直し声に出して言います。学習する使える英語パターンは見開きで2種類です。

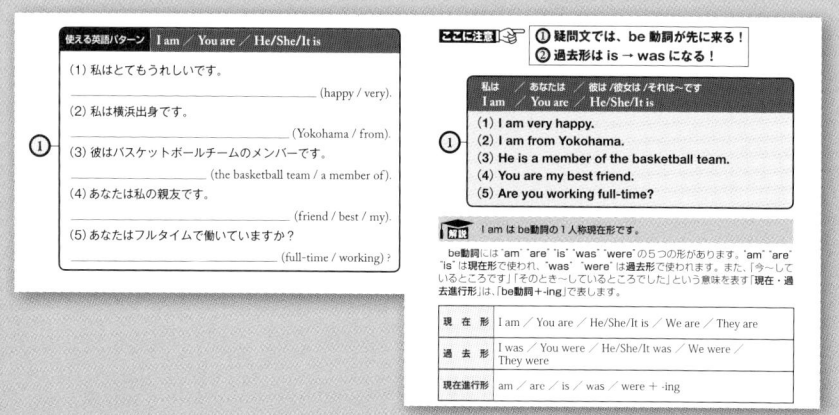

使える英語パターン	I am ／ You are ／ He/She/It is

(1) 私はとてもうれしいです。
　_____ (happy / very).
(2) 私は横浜出身です。
　_____ (Yokohama / from).
(3) 彼はバスケットボールチームのメンバーです。
　_____ (the basketball team / a member of).
(4) あなたは私の親友です。
　_____ (friend / best / my).
(5) あなたはフルタイムで働いていますか？
　_____ (full-time / working)?

ここに注意！
① 疑問文では、be動詞が先に来る！
② 過去形は is → was になる！

私は	あなたは	彼は／彼女は／それは～です
I am	You are	He/She/It is

(1) I am very happy.
(2) I am from Yokohama.
(3) He is a member of the basketball team.
(4) You are my best friend.
(5) Are you working full-time?

MEMO I am は be動詞の1人称現在形です。

be動詞には"am""are""is""was""were"の5つの形があります。"am""are""is"は現在形で使われ、"was""were"は過去形で使われます。また、「今～しているところです」「そのとき～しているところでした」という意味を表す「現在・過去進行形」は、「be動詞＋ing」で表します。

現在形	I am ／ You are ／ He/She/It is ／ We are ／ They are
過去形	I was ／ You were ／ He/She/It was ／ We were ／ They were
現在進行形	am ／ are ／ is ／ was ／ were ＋ -ing

Chapter 3 「表現力を高める」

英語の表現は、amやareやisなどのbe動詞を使った言い方と、likeやplayといった一般的な動詞を使う言い方と、大きく2つに分けて作ることが可能です。例えば、
「私は映画の大ファンです」
を英語にした場合、

　I am a big fan of a movie.
　I like a movie very much.

のように、2種類の英文が可能です。「ファン」という言葉をストレートに訳そうとすると上の文になりますが、英会話は英作文ではありませんから、下の文でも十分にこちらの気持ちは相手に伝わります。つまり、**相手に伝えたいと思って考え出した日本文に対応する英文は1つに限られているわけではなく、実は何とおりにでも言い換えて話すことができるわけです。**このことはどんな英文にも当てはまります。

Chapter 3では、Chapter 1の英単語を連想する技術（トピックに関連する英単語群を思い起こす力）と Chapter 2で学んだ英語の基本パターンを駆

使する技術を使い、英語で具体的に表現する技術を学びます。

【トレーニングの進め方】

まず、問題の日本語を読み、その内容に相当する英語を、ヒントを参考に(a)(b)の書き出しの語を使って作り、それぞれ30秒以内で声に出して言います。

	私はスポーツが大好きです。 (a) I _____. (b) I am _____.	①	(a) **I love sports.** 「私はスポーツが大好きです」 (b) **I am crazy about sports.** 「私はスポーツが好きでたまりません」

ヒント (a)「大好き」love ／ (b)「好きでたまらない」crazy about

解説「私はスポーツが大好きです」は、英語構文の基本中の基本である、S(主語 I)＋V(動詞 love)＋O(目的語 sports)のパターンです。loveはlikeより「好き」という気持ちが強いことを表しています。同じような意味合いで I'm crazy about sports. があります。この be動詞＋crazy about は慣用句で「好きでたまらない」つまり「大好きだ」という意味になります。

ここで注意したい点は、likeやplayといった一般動詞を使うときには、主語はほとんどがIとかHe/Sheなどになることが多くなりますが、isやareなどのbe動詞を使うときには、主語を何にするかが問題になるという点です。英文は「主語＋動詞」のセットで、文の骨格が決まります。**このチャプターの真のねらいは、皆さんが英文を組み立てる際に「主語に何を持ってくるかをすばやく決断する」という技術なのです。**これが瞬時に行えるようになれば、皆さんの英会話力は飛躍的に高まります。

Chapter 4 「会話力を高める」

Chapter 4では、ある程度まとまった情報を英語で話すトレーニングを行います。「英語で話す」場合、「うちは5人家族です」だけで話が終わることはそう多くはありません。Chapter 1で少し練習したように、まず、「自己紹介」という大きなくくり（「状況」による会話の制約）があって、その状況に縛られながら話をすることが多いからです。例えば、自己紹介をしているときに、突然友人の婚約者の話を始めたら話はひどく混乱してしまい、わかりにくい話になってしまいます。あるテーマに基づいて会話を続けていくためには、「伝える情報を整理すること」と、「その情報を適切に英語で表現する技術」が必要になります。

このチャプターでは、仕上げのステップとして、「伝える情報」を5つの例文に整理し、それを適宜英語で表現するようにしてあります。この2つの技術（情報の整理と伝達）をひっくるめて学んでいこうというのがここでのねらいになります。

また、このチャプターでは、Chapter 1で紹介した「背景情報」をいくつも使っています。既習事項を生かしながら学習を発展させていけるように配慮してあります。

本書の構成と利用法

【トレーニングの進め方】

まず、会話のトピックを見て、話をしようとするテーマを確認します。それからそのテーマに基づく日本語の例文5つをそれぞれ1分以内で英語に直し、声に出して言います。

~ 人と会う ~　　　　　　　　　　　　Meeting someone

① はじめまして。私は鈴木ケンです。どうぞケンと呼んでください。
It's nice ＿＿＿＿＿＿.＿＿＿＿＿＿.＿＿＿＿＿＿.

ヒント 「呼ぶ」call

① It's nice to meet you. I'm Ken Suzuki. Please call me Ken.

解説 ビジネス以外の通常の会話では it's が省略されて Nice to meet you. ですませる場合がほとんどです。そして I am ～ よりも I'm ～ の短縮形が一般的です。また、My name is Ken Suzuki. よりも I'm Ken Suzuki. のほうが自然に聞こえます。

② ごめんなさい。名前が聞き取れなかったのですが。
I'm sorry. ＿＿＿＿＿＿＿＿＿＿＿＿.

ヒント 「とらえる、聞き取る」catch

② I'm sorry. I didn't catch your name.

解説 「I'm sorry, but ～.」のように but で続けるほうが丁寧ですが、I'm sorry で始まる文は、この but が頻繁に省略されます。didn't catch は、「（名前を）聞き取れなかった」、「（名前が）聞こえなかった」という意味で使われています。I couldn't catch ～ とも言えます。

Chapter 5 「トライアルメニュー」

ここでは、Chapter 1 から Chapter 4 までで学習してきたことをもとに、まとめとして、3パターンのトライアルメニューを行います。

Menu 1 「会話を完成させる」

ロールプレイ練習です。AとBの会話があり、皆さんにはBになっていただき、ご自分のパートの会話を作成していきます。

Menu 2 「物語を話す」

ある状況を描いたイラストと日本語で書かれた話を見て、その内容を英語で表現していくトレーニングです。日本文の直訳は必要ありません。皆さんが英語で伝えられる範囲で英語に直していくだけです。この問題に正解はありません。

Menu 3 「対話を考える」

6コマのイラストを見て、自分で対話を考えながら自然な会話を作り出すトレーニングです。この問題にも正解はありません。実際にネイティブに出会ったつもりで英語を作ってみてください。このときも、声に出して言ってみることを忘れないでください。

とにかく、**英語を実際に声に出して言ってみることがとても大切**です。たとえ、本であっても、です。

●本書付属のCDについて

本書には付属のCDが1枚ついています。英会話トレーニングはすべてこのCDを聞きながら進めるようにしてください。

chapter 1

トレーニングメニュー 1
単語力を高める

TRAINING POINT

- 単語をすばやく連想
- 時間制限内にできるだけ多く
- 慣れてきたらイディオムなども

> トレーニングを始めるにあたり、脳内に英語回路をはりめぐらし、英語を話す素地を作ります！同時に単語力も高めていきます！

chapter 1 トレーニング・マニュアル

●**Chapter 1の問題形式**

> ❶ **トピック** 子どもとの時間
>
> ❹ 私は、末の子どもが寝ている時間に仕事から帰って来ることがよくあります。それで土曜日には私たちは公園に行き、キャッチボールやサッカーをして遊びます。 ❷
>
> ❸ 第1回　（　　）-（　　）-（　　）
>   　第2回　（　　）-（　　）-（　　）-（　　）-（　　）
>   　　　　（　　）-（　　）-（　　）-（　　）-（　　）

トレーニング方法

❶ まず、トピックで話題を確認します。

❷ 次に日本語の「背景情報」を読みます。
（**POINT** 相手に伝えようとしている話題を具体的に頭に思い描くようにしましょう。）

❸ 背景情報の中の日本語に対応する単語やイディオムをできるだけ多く、声に出して言います。
　→Hop編 ― 第1回 1分以内に3つ以上。 第2回 1分以内に5つ以上。
　→Step編― 第1回 1分以内に5つ以上。 第2回 1分以内に8つ以上。

　このように、時間制限を設けることで、脳内の英語回路を活発にさせ、英語脳が鍛えられます。単語やイディオムが自由にいくつも思い浮かべることができるようになれば、英語を自由に思いのままに話すことができる素地が作られたことになります。

④ I often get home from work when my youngest is sleeping. So, on Saturdays, we go to the park to play catch or soccer.

⑤ Model Answer （get に着く）−（home 家に）−（work 仕事）−（youngest 最年少）−（sleep 寝る）−（go 行く）−（park 公園）−（play をする）−（catch キャッチボール）−（soccer サッカー）

参考 get home は come home と言っても同じ意味です。日本語の「**キャッチボール**」は和製英語で、英語では **play catch** となります。play は「遊ぶ」以外に「（スポーツ）をする」の意味もあります。 **⑥**

参考 解答と参考について

④ 右ページの「背景情報」の英訳の中にある単語やイディオムが挙げられれば、正解です。英訳の「背景情報」の中にはない単語やイディオムでも、日本語の「背景情報」の訳語であれば、正解です。（get home の代わりに come back home、work の代わりに my company など）

⑤ Model Answer には相手に伝えようとしている情報で「これははずせない」と思われる単語やイディオムが参考として挙げてあります。

⑥ 語い力をつけるために関連する単語を掲載してあります。

　単語やイディオムを挙げたあと、解答を確認し、自分がどうしても思いつかなかった単語やイディオムは、覚えるようにしましょう。こうして一手間かけることで、初めて今までの自分の持っている実力以上の実力がつくのです。
　また、ここで出題されたものは、あとの Chapter でも出て来ます。何度もくり返すことで、よりいっそう、脳に定着しますので、ここでしっかり覚えておくとよいでしょう。

トレーニング・マニュアル

Chapter 1の目的と効用

目的 トレーニングメニュー1では、「英単語・イディオム連想トレーニング」をして、スピーキング力上達の下地である**英語の単語力を高めるトレーニング**を行います。

英語が話せるようになるまでの過程を見てみましょう

① まず話そうとする中身を考える

② 何を話すかを頭の中で大まかにまとめる

③ 英語として「話す」←このときに脳は、日本語を英語に変換する作業を行います。

④ この時間が短くなれば「話せる」という状態になる

英語が自由に口をついて出て来るようになるには、まず、③の段階で**英単語が次から次へと頭に浮かんで来る**ようになる必要があります。

　日本語でも英語でもまったく白紙の状態で**相手に何かを伝える**ということはまずありません。日本語で説明するケースを考えてみても、まず、**頭の中に浮かぶのは、相手に伝えようとしている「話題」**です。その話題が自分の子どもたちのことであれば、まず自分の子どもたちの特徴を頭の中にイメージしていきます。次にそのイメージにもとづいて「発話」が行われます。

　実は、**英語で話す場合もこれと同じ作業**が行われます。ただし、英語の場合は、母国語ではないため、発話の段階で日本語を英語に変換する作業が入ります。このとき**英単語が多数思いつくかどうか**でその話題について話をふくらませていけるかどうかが決まります。

トレーニングメニュー 1　単語力を高める

　試みに「自分の家族」に関連する英単語を言ってみてください。いくつ上がりますか？

　My family ...、my wife Keiko-san、my oldest son [daughter] ...、kindergarten、年長さん（？）、家族の団欒（？）…。

　どうですか、案外少ないのではないでしょうか？　まして、I got married to my wife Keiko-san seven years ago.「私は妻の恵子さんと7年前に結婚しました」とか I have little time to play with my children.「子どもたちと遊ぶ時間がほとんどありません」といった英文を考え出すとなると、さらに時間がかかり、その間に相手の話はどんどん進んで、いつの間にか次の話題に移り、結局自分の家族について話すきっかけを失い、次の話題の「日本の住宅事情」についての関連語を探し出す…。よくあることです。

　会話ではスピードが求められます。応答が速いからこそ、会話は弾みます。こちらが何か言うたびに相手が沈黙し、その沈黙の時間が次第に長くなれば、会話はしぼんでいきます。相手の話に要領よく英語で反応するには、ふだんから**英単語がぽんぽん口をついて出る練習**をしておかないと、いざというときに出て来るものではありません。

　そこでここでは、トピックに示された、ある話題についての関連語を自由に想起するトレーニングをします。連想する時間は短ければ短いほどいいのですが、一応**1つのトピックにつき、1分**としておきます。この制限時間内にできるだけ多くの英単語を自由に思いつくことができるようになれば、英語を話す下地ができたということになります。

効用　**時間制限**をすることで、**脳内の英語回路を活発にさせ、英語脳が鍛えられます**。英単語やイディオムを自由にいくつも思い浮かべることができるようになれば、英語を自由に思いのままに**話すことができる素地が作られた**と言えるのです。

　皆さんの語い力（ボキャブラリー）が増えてくると、単語だけでなく、イディオムもたくさん思い出すことができるようになります。そうなるとこのトレーニングがとても楽しいものになってきます。

　それでは、トレーニングを開始しましょう！

HOP 1-1

chapter 1

⏱ 制限時間 1問1分

トピックから単語を連想しよう！

　トピックで話題をイメージし、下の背景情報の囲み内に出て来る日本語に対応する英単語や語句をできるだけ多く声に出して言ってみよう。第1回目は3つ、第2回目は5つ以上をそれぞれ1分以内で言ってみよう。

① トピック　子どもたち

私には子どもが3人います。長女は高校生で、息子は小学生です。

第1回　(　　　)-(　　　)-(　　　)
第2回　(　　　)-(　　　)-(　　　)-(　　　)-(　　　)
　　　(　　　)-(　　　)-(　　　)-(　　　)-(　　　)

② トピック　自宅

私たちは東京の郊外にあるマンションに住んでいます。家から駅まで歩いて15分くらいです。

第1回　(　　　)-(　　　)-(　　　)
第2回　(　　　)-(　　　)-(　　　)-(　　　)-(　　　)
　　　(　　　)-(　　　)-(　　　)-(　　　)-(　　　)

③ トピック　妻

妻は病院でパートの仕事をしています。フレックスタイムなので、そこで働くことを気に入っています。

第1回　(　　　)-(　　　)-(　　　)
第2回　(　　　)-(　　　)-(　　　)-(　　　)-(　　　)
　　　(　　　)-(　　　)-(　　　)-(　　　)-(　　　)

④ トピック　子どもとの時間

私は、末の子どもが寝ている時間に仕事から帰って来ることがよくあります。それで土曜日には私たちは公園に行き、キャッチボールやサッカーをして遊びます。

第1回　(　　　)-(　　　)-(　　　)
第2回　(　　　)-(　　　)-(　　　)-(　　　)-(　　　)
　　　(　　　)-(　　　)-(　　　)-(　　　)-(　　　)

トレーニングメニュー 1　単語力を高める

① I have three children. My oldest daughter is a high school student and my son is in elementary school.

Model Answer　(have がいる) – (three 3) – (children 子どもたち) – (my 私の) – (oldest 最年長) – (daughter 娘) – (high school 高校) – (student 生徒) – (son 息子) – (elementary school 小学校)

参考　最年長の子どもの場合、通常eldestではなく **oldest** を使います。eldest は間違いではありませんが、今はあまり使われません。

② We live in an apartment in a suburb of Tokyo. It takes about 15 minutes to walk from our house to the station.

Model Answer　(live 住む) – (apartment マンション) – (suburb 郊外) – (Tokyo 東京) – (take を要する) – (about ～くらい) – (15 minutes 15分) – (walk 徒歩) – (house 家) – (station 駅)

参考　日本で言う「賃貸マンション」は英語では **apartment** と言います。そして建物全体ではなく一室を意味します。また「分譲マンション」は **condominium [condo]** となり、こちらも一室のことを言います。英語で **mansion** は「大邸宅」という意味になります。

③ My wife works part-time at a hospital. She likes working there because the hours are flexible.

Model Answer　(wife 妻) – (work 働く) – (part-time パートタイムで) – (hospital 病院) – (like が好きである) – (working 働くこと) – (there そこで) – (because なぜなら) – (hour 時間) – (flexible 臨機応変な)

参考　英語では part-time と必ず time を入れます。「フレックスタイム」は **flexible working hours** や **flextime** などいくつかの言い方があります。「当社はフレックスタイム制です」は We are on flextime. と on をつけます。

④ I often get home from work when my youngest is sleeping. So, on Saturdays, we go to the park to play catch or soccer.

Model Answer　(get に着く) – (home 家に) – (work 仕事) – (youngest 最年少) – (sleep 寝る) – (go 行く) – (park 公園) – (play をする) – (catch キャッチボール) – (soccer サッカー)

参考　get home は come home と言っても同じ意味です。日本語の「キャッチボール」は和製英語で、英語では **play catch** となります。play は「遊ぶ」以外に「(スポーツ)をする」の意味もあります。

HOP 1-2

chapter 1

⏱ 制限時間 1問1分

トピックから単語を連想しよう！

トピックで話題をイメージし、下の背景情報の囲み内に出て来る日本語に対応する英単語や語句をできるだけ多く声に出して言ってみよう。第1回目は3つ、第2回目は5つ以上をそれぞれ1分以内で言ってみよう。

① トピック　通勤

私の会社は東京にあります。通勤には約90分かかります。普通は、だいたい7時半頃、家を出ます。

第1回　(　　　)-(　　　)-(　　　)
第2回　(　　　)-(　　　)-(　　　)-(　　　)-(　　　)
　　　(　　　)-(　　　)-(　　　)-(　　　)-(　　　)

② トピック　職場

私は都内のXYZ銀行で働いています。今は窓口係りです。お昼どきはとても忙しいです。なぜなら、その頃お客様がとても多いからです。

第1回　(　　　)-(　　　)-(　　　)
第2回　(　　　)-(　　　)-(　　　)-(　　　)-(　　　)
　　　(　　　)-(　　　)-(　　　)-(　　　)-(　　　)

③ トピック　部署

私は現在、会社の国際部の一員です。海外に転勤になることを望んでいます。パリに行きたいです。

第1回　(　　　)-(　　　)-(　　　)
第2回　(　　　)-(　　　)-(　　　)-(　　　)-(　　　)
　　　(　　　)-(　　　)-(　　　)-(　　　)-(　　　)

④ トピック　残業

私の会社はヨーロッパと取引をしているので、しばしば残業をしなければなりません。というのもヨーロッパが朝のとき、日本は夕方だからです。

第1回　(　　　)-(　　　)-(　　　)
第2回　(　　　)-(　　　)-(　　　)-(　　　)-(　　　)
　　　(　　　)-(　　　)-(　　　)-(　　　)-(　　　)

トレーニングメニュー1　単語力を高める

① My company is located in Tokyo. It takes me about 90 minutes to commute to work. I usually leave home around 7:30 in the morning.

Model Answer （company 会社）−（located 位置して）−（Tokyo 東京）−（take を要する）−（commute 通勤する）−（usually ふだんは）−（leave を出る）−（home 家）−（around 〜頃に）−（morning 朝）

参考　companyは法人の企業以外に法人格のない個人事業も含みますが、corporationは法人格のある団体のみを言います。会社の所在地などを表す場合は、〜 is located in＋地名を使って言うのが普通です。

② I work for XYZ Bank in Tokyo. I am a teller now. I am very busy around noon, because we have many customers around then.

Model Answer （work 働く）−（XYZ Bank XYZ銀行）−（teller （銀行の）窓口係り）−（busy 忙しい）−（around 〜頃に）−（noon 正午）−（because なぜなら）−（have がいる）−（customer 客）−（then その頃）

参考　「（銀行の）窓口係り」は最も簡単な言い方は tellerですが、I am a bank clerk. のようにも言えます。「デパートの売り場にいます」なら、I work behind the counter.のように言います。

③ I am a member of my company's international section now. I hope I will be transferred overseas. I want to go to Paris.

Model Answer （member 一員）−（company 会社）−（international 国際の）−（section 部）−（now 現在）−（hope を望む）−（transfer を転勤させる）−（overseas 海外に）−（want を望む）−（go 行く）

参考　overseasの代わりに形容詞のforeignを使うと、be transferred to a foreign countryとなります。hopeの代わりにwishを使うことはできません。wishは「（できないことに対して）できたらいいのに」と言うときに使い、できる可能性があることに対しては使いません。

④ I often have to work overtime because my company does business with Europe. It is evening in Japan when it is morning in Europe.

Model Answer （often しばしば）−（have to 〜しなければならない）−（work 働く）−（overtime 残業）−（company 会社）−（business 取引）−（Europe ヨーロッパ）−（evening 夕方）−（when 〜であるとき）−（morning 朝）

参考　businessという言葉は、busy「忙しい」という言葉に由来してbusiness「忙しいこと」となり、「ビジネス」という意味になります。

23

HOP 1-3

chapter 1

制限時間 1問1分

トピックから単語を連想しよう！

トピックで話題をイメージし、下の背景情報の囲み内に出て来る日本語に対応する英単語や語句をできるだけ多く声に出して言ってみよう。第1回目は3つ、第2回目は5つ以上をそれぞれ1分以内で言ってみよう。

① トピック　英語を磨き直す

私の名前は鈴木隆弘です。学生のとき英語を勉強しましたが、多くを忘れてしまいました。英語を磨き直したいと思っています。

第1回　(　　　)-(　　　)-(　　　)
第2回　(　　　)-(　　　)-(　　　)-(　　　)-(　　　)
　　　 (　　　)-(　　　)-(　　　)-(　　　)-(　　　)

② トピック　留学

私は一生懸命、英語を勉強しています。ファッションデザインを学ぶためにニューヨークへ行くつもりだからです。

第1回　(　　　)-(　　　)-(　　　)
第2回　(　　　)-(　　　)-(　　　)-(　　　)-(　　　)
　　　 (　　　)-(　　　)-(　　　)-(　　　)-(　　　)

③ トピック　毎日の英語学習

私は毎日、電車の中で英語を勉強しています。私は英語についての本を読むより、英語を聞くほうが好きです。

第1回　(　　　)-(　　　)-(　　　)
第2回　(　　　)-(　　　)-(　　　)-(　　　)-(　　　)
　　　 (　　　)-(　　　)-(　　　)-(　　　)-(　　　)

④ トピック　職場の英語

会社にはときどき、アメリカからの訪問客があります。彼らと英語で話すことは好きですが、彼らの言っていることをすべて理解するのはとても難しいです。

第1回　(　　　)-(　　　)-(　　　)
第2回　(　　　)-(　　　)-(　　　)-(　　　)-(　　　)
　　　 (　　　)-(　　　)-(　　　)-(　　　)-(　　　)

トレーニングメニュー1　**単語力を高める**

① **My name is Takahiro Suzuki. I studied English when I was a student, but I forgot a lot. I want to brush up my English.**

Model Answer　(my 私の) – (name 名前) – (study を勉強する) – (English 英語) – (when ～であるとき) – (student 学生) – (forget を忘れる) – (a lot たくさん) – (want ～したいと思う) – (brush up を磨き直す)

参考　brush upは「磨き直す」という意味で、以前習って、今は忘れてしまったことをやり直す・学び直すという意味合いで使われます。

② **I study English very hard because I am planning to go to New York to study fashion design.**

Model Answer　(study を勉強する) – (English 英語) – (very とても) – (hard 一生懸命に) – (because なぜなら) – (plan のつもりである) – (go 行く) – (New York ニューヨーク) – (fashion ファッション) – (design デザイン)

参考　becauseは「AだからBだ」あるいは「AなのでBだ」のような関係にあるAとBの2つの文を結ぶときに使う言葉です。

③ **I study English every day on the train. I like listening to English better than reading a book about English.**

Model Answer　(study を勉強する) – (English 英語) – (every day 毎日) – (train 電車) – (like が好きである) – (listen to を聞く) – (better よりよく) – (reading 読むこと) – (book 本) – (about ～について(の))

参考　studyは主に本や資料を使っての学習を意味し、learnは学習したことを実際に「習得する」という意味になります。「車の運転を習っている」はI'm learning how to drive a car.とは言いますが、I'm studying how to drive a car.とは言いません。

④ **My company sometimes has visitors from the United States. I like talking to them in English but it's hard to understand everything they say.**

Model Answer　(company 会社) – (sometimes ときどき) – (visitor 訪問客) – (United States アメリカ合衆国) – (like を好きである) – (talking 話すこと) – (hard 難しい) – (understand を理解する) – (everything すべてのこと) – (say を言う)

参考　visitor「訪問客」とguest「招待客」は、少し異なったニュアンスがあります。guestは招待されており、visitorはそうではないということです。

HOP 1-4 トピックから単語を連想しよう！

制限時間 1問1分

chapter 1

トピックで話題をイメージし、下の背景情報の囲み内に出て来る日本語に対応する英単語や語句をできるだけ多く声に出して言ってみよう。第1回目は3つ、第2回目は5つ以上をそれぞれ1分以内で言ってみよう。

① トピック　上京

私は青森出身です。大学生になったとき、東京に越して来ました。最初は故郷を恋しく思いました。

第1回　（　　）-（　　）-（　　）
第2回　（　　）-（　　）-（　　）-（　　）-（　　）
　　　（　　）-（　　）-（　　）-（　　）-（　　）

② トピック　家族の心配

家族は私が独り暮らしをするのを心配しました。最初は大変だったのですが、そのうち1人住まいの自由を楽しみ始めました。

第1回　（　　）-（　　）-（　　）
第2回　（　　）-（　　）-（　　）-（　　）-（　　）
　　　（　　）-（　　）-（　　）-（　　）-（　　）

③ トピック　独り暮らし

大学生にとって独り暮らしをするのは、とても高くつきます。食費や家賃を払ってしまうとお金はほとんど残りません。

第1回　（　　）-（　　）-（　　）
第2回　（　　）-（　　）-（　　）-（　　）-（　　）
　　　（　　）-（　　）-（　　）-（　　）-（　　）

④ トピック　アルバイト

学生だったとき、ファミリーレストランでアルバイトをしました。お客様の世話をするのは大変でした。私はいつも笑顔で、最善を尽くしました。

第1回　（　　）-（　　）-（　　）
第2回　（　　）-（　　）-（　　）-（　　）-（　　）
　　　（　　）-（　　）-（　　）-（　　）-（　　）

トレーニングメニュー1 **単語力を高める**

① I'm from Aomori. I moved to Tokyo when I became a university student. At first, I missed my hometown.

Model Answer （from 〜出身の）−（Aomori 青森）−（move 引っ越す）−（when 〜した頃）−（become になる）−（university 大学）−（student 学生）−（at first 最初は）−（miss がなくてさびしい）−（hometown 故郷）

参考 I miss my hometown.「私は故郷が恋しい」は I get homesick.「私はホームシックになる」という言い方でも表現できます。

② My family worried about me living alone. At first it was hard, but then I began to enjoy the freedom of living on my own.

Model Answer （family 家族）−（worry 心配する）−（live 生活する）−（alone 独りで）−（at first 最初は）−（hard 大変な）−（begin を始める）−（enjoy を楽しむ）−（freedom 自由）−（own 独自の）

参考 worry about 〜で「〜を心配する」という意味になります。on my own は「自分自身で」という意味で、on your own なら「あなた自身で」という意味になります。

③ Living alone is very expensive for college students. There is almost no money left after paying for food and rent.

Model Answer （live 暮らす）−（alone 独りで）−（expensive 高い）−（college 大学）−（student 学生）−（almost ほとんど）−（money お金）−（left 残っている）−（pay を支払う）−（rent 家賃）

参考 no money left は「ないお金が残っている」つまり「お金がほとんど残らない」ということになります。

④ I worked part-time at a family restaurant when I was a student. It was hard to take care of the customers. I always smiled and did my best.

Model Answer （work 働く）−（part-time パートで）−（family restaurant ファミリーレストラン）−（student 学生）−（hard 大変な）−（take care of 〜の世話をする）−（customer 客）−（always いつも）−（smile 笑顔）−（do one's best 〜の最善を尽くす）

参考 日本語のアルバイトはドイツ語から来ています。英語では a part-time job と言います。family restaurant は和製英語ではありません。れっきとした英語です。

HOP 1-5

chapter 1

制限時間 1問1分

トピックから単語を連想しよう！

トピックで話題をイメージし、下の背景情報の囲み内に出て来る日本語に対応する英単語や語句をできるだけ多く声に出して言ってみよう。第1回目は3つ、第2回目は5つ以上をそれぞれ1分以内で言ってみよう。

① トピック　ゴルフ

私の上司は来月、私が一緒にゴルフをすることを望んでいます。それでまず、打ちっぱなしで練習しようと思っています。

第1回　（　　　）-（　　　　）-（　　　　）
第2回　（　　　）-（　　　　）-（　　　　）-（　　　　）-（　　　　）
　　　（　　　）-（　　　　）-（　　　　）-（　　　　）-（　　　　）

② トピック　バレーボール

私はスポーツが大好きです。中高時代はバレーボール部に所属していました。今はビーチバレーをやっています。ハードなスポーツですが、大好きです。

第1回　（　　　）-（　　　　）-（　　　　）
第2回　（　　　）-（　　　　）-（　　　　）-（　　　　）-（　　　　）
　　　（　　　）-（　　　　）-（　　　　）-（　　　　）-（　　　　）

③ トピック　ハイキング

私はハイキングや山登りに夢中です。週末に家族とハイキングに行くことを楽しんでいます。次の夏は長野に行くつもりです。

第1回　（　　　）-（　　　　）-（　　　　）
第2回　（　　　）-（　　　　）-（　　　　）-（　　　　）-（　　　　）
　　　（　　　）-（　　　　）-（　　　　）-（　　　　）-（　　　　）

④ トピック　スキー

私はスキーが大好きです。冬には、友達と金曜日の夜にスキー場へ車で行って、土曜日と日曜日は一日中スキーをします。

第1回　（　　　）-（　　　　）-（　　　　）
第2回　（　　　）-（　　　　）-（　　　　）-（　　　　）-（　　　　）
　　　（　　　）-（　　　　）-（　　　　）-（　　　　）-（　　　　）

トレーニングメニュー1　単語力を高める

① My boss wants me to go play golf with him next month, so I am planning to practice first at the driving range.

Model Answer　(boss 上司) – (want を望む) – (go 行く) – (play をする) – (golf ゴルフ) – (next month 来月) – (plan を計画する) – (practice を練習する) – (first まず) – (driving range〈ゴルフの〉打ちっぱなし)

参考　golf「ゴルフ」などの「**球技をする**」は play ～ となります。そのほか、do aerobics「エアロビクスをする」、go swimming「水泳をする」など、スポーツによって決まった言い方があります。

② I love sports. In junior and senior high school I belonged to the volleyball club. Now I play beach volleyball. It's a hard sport, but I love it.

Model Answer　(love が大好きである) – (sport スポーツ) – (junior and senior high school 中学校と高校) – (belong to ～に所属する) – (volleyball バレーボール) – (club クラブ) – (now 今) – (play をする) – (beach ビーチ) – (hard 大変な)

参考　I like to play sports. とは言いません。**play は特定のスポーツをするとき**に使います。例えば I play tennis. や I play baseball. などです。

③ I'm crazy about hiking and mountain climbing. I enjoy hiking with my family on the weekends. Next summer we will go to Nagano.

Model Answer　(crazy about ～に夢中になる) – (hiking ハイキング) – (mountain 山) – (climbing 登ること) – (enjoy を楽しむ) – (family 家族) – (weekend 週末) – (next 次の) – (summer 夏) – (go 行く)

参考　**crazy** は I'm crazy about chocolate.「私はチョコレートが好きでたまらない」のように **about** と一緒に使います。

④ I like to ski very much. In winter, my friends and I drive to a ski resort on a Friday night and we ski all day long on Saturday and Sunday.

Model Answer　(like が好きである) – (ski スキーをする) – (winter 冬) – (friend 友達) – (drive 車で行く) – (ski resort スキー場) – (Friday night 金曜日の夜) – (all day long 一日中) – (Saturday 土曜日) – (Sunday 日曜日)

参考　all day long の **long** は「～の間」という意味で We skied **all day long**. Then we drove **all night long** back to Tokyo.「私たちは**一日中**スキーをしました。それから**一晩中**、車を運転して東京に帰りました」のように使います。

HOP 1-6

chapter 1

トピックから単語を連想しよう！

制限時間 1問1分

トピックで話題をイメージし、下の背景情報の囲み内に出て来る日本語に対応する英単語や語句をできるだけ多く声に出して言ってみよう。第1回目は3つ、第2回目は5つ以上をそれぞれ1分以内で言ってみよう。

① トピック　海外旅行

友達の何人かは、海外旅行を計画しています。私はタイをお勧めします。ビーチでリラックスするのはとても快適です。

第1回　(　　　)-(　　　　)-(　　　)
第2回　(　　　)-(　　　　)-(　　　)-(　　　　)-(　　　)
　　　 (　　　)-(　　　　)-(　　　)-(　　　　)-(　　　)

② トピック　お金と時間

学生時代は旅行する時間がたくさんありましたが、お金が十分にありませんでした。今は働いているのでお金はもっとありますが、時間がありません。

第1回　(　　　)-(　　　　)-(　　　)
第2回　(　　　)-(　　　　)-(　　　)-(　　　　)-(　　　)
　　　 (　　　)-(　　　　)-(　　　)-(　　　　)-(　　　)

③ トピック　国際線

私は国際線に乗る予定です。少なくとも出発の3時間前にはチェックインしてください、と旅行代理店の人に言われました。

第1回　(　　　)-(　　　　)-(　　　)
第2回　(　　　)-(　　　　)-(　　　)-(　　　　)-(　　　)
　　　 (　　　)-(　　　　)-(　　　)-(　　　　)-(　　　)

④ トピック　旅行情報

インターネットでは、旅行について多くの役立つ情報を得られるだけでなく飛行機やホテルの予約もできます。

第1回　(　　　)-(　　　　)-(　　　)
第2回　(　　　)-(　　　　)-(　　　)-(　　　　)-(　　　)
　　　 (　　　)-(　　　　)-(　　　)-(　　　　)-(　　　)

トレーニングメニュー 1　単語力を高める

①　Some of my friends are planning to travel abroad. I would recommend they go to Thailand. It's very nice relaxing on a beach.

Model Answer　(some 〜の一部) – (friend 友達) – (plan を計画する) – (travel 旅行する) – (abroad 海外へ) – (recommend を勧める) – (Thailand タイ) – (nice 快適な) – (relaxing リラックスすること) – (beach ビーチ)

参考　「旅行する」は、travelのほかに take a trip という言い方もします。trip は動詞として使うと「つまずく」という意味になります。

②　When I was a student I had a lot of time to travel, but I didn't have enough money. Now I'm working, so I have more money, but not enough time.

Model Answer　(when 〜だった頃) – (student 学生) – (have を持つ) – (a lot of たくさんの〜) – (time 時間) – (travel 旅行する) – (enough 十分な) – (money お金) – (now 今) – (work 働く)

参考　travelは「旅行する」という動詞として使うことが多く、名詞では「旅行」という意味の抽象名詞（数えられない名詞）になります。

③　I am planning to take an international flight. My travel agent told me to check in at least three hours before the flight.

Model Answer　(plan の予定である) – (take に乗って行く) – (international flight 国際線) – (travel 旅行) – (agent 代理店) – (tell に言う) – (check in チェックインする) – (at least 少なくとも) – (three hours 3時間) – (before よりも前に)

参考　check inは「チェックインする」という意味ですが、「チェックインの」と言う場合は check-in time のように checkと inの間にハイフン (-) を入れます。

④　You can not only get a lot of good information about traveling on the Internet, but you can also make flight and hotel reservations.

Model Answer　(not only 〜だけでなく) – (get を得る) – (good 役に立つ) – (information 情報) – (traveling 旅行) – (Internet インターネット) – (make (予約)をする) – (flight (飛行機の) 便) – (hotel ホテル) – (reservation 予約)

参考　「役立つ」は good以外に useful や helpful などでも言い表せます。「飛行機の予約」は、予約を入れるのが「飛行機の便」なので flight reservations となりますが、airplane reservationsと言う人もいます。

HOP 1-7 トピックから単語を連想しよう！

制限時間 1問1分

chapter 1

トピックで話題をイメージし、下の背景情報の囲み内に出て来る日本語に対応する英単語や語句をできるだけ多く声に出して言ってみよう。第1回目は3つ、第2回目は5つ以上をそれぞれ1分以内で言ってみよう。

① **トピック 春**

桜の花の季節はとても短いですが、春は私の大好きな季節です。

第1回　（　　　）-（　　　）-（　　　）
第2回　（　　　）-（　　　）-（　　　）-（　　　）-（　　　）
　　　（　　　）-（　　　）-（　　　）-（　　　）-（　　　）

② **トピック 夏**

今日、外はとても暑くベタベしていますが、私の事務所はエアコンのせいで寒すぎます。

第1回　（　　　）-（　　　）-（　　　）
第2回　（　　　）-（　　　）-（　　　）-（　　　）-（　　　）
　　　（　　　）-（　　　）-（　　　）-（　　　）-（　　　）

③ **トピック 秋**

秋の涼しい天候は私を気持ちよくさせてくれます。秋にはまた、たくさんの種類のとてもおいしい果物が店に出回ります。

第1回　（　　　）-（　　　）-（　　　）
第2回　（　　　）-（　　　）-（　　　）-（　　　）-（　　　）
　　　（　　　）-（　　　）-（　　　）-（　　　）-（　　　）

④ **トピック 冬**

天気予報は今日の午後、雪が降ると言っています。ですから、私はマフラーと手袋をするつもりです。

第1回　（　　　）-（　　　）-（　　　）
第2回　（　　　）-（　　　）-（　　　）-（　　　）-（　　　）
　　　（　　　）-（　　　）-（　　　）-（　　　）-（　　　）

トレーニングメニュー1 単語力を高める

① Though the cherry blossom season is very short, spring is my favorite time of year.

Model Answer （though 〜だけれども）−（cherry blossom 桜の花）−（season 季節）−（very とても）−（short 短い）−（spring 春）−（my 私の）−（favorite 大好きな）−（time とき）−（year 1年）

参考 though ではなく、springの前にbutを入れて The cherry blossom season is 〜, but spring is 〜と言うこともできます。**time of year** は「（1年のうちの特定の）**時期**」という意味で、seasonに言い換えられます。

② Even though it's so hot and sticky today outside, my office is too cold because of the air conditioning.

Model Answer （even though 〜なのに）−（so とても）−（hot 暑い）−（sticky ベタベタした）−（today 今日）−（outside 外で）−（office 事務所）−（cold 寒い）−（because of 〜のせいで）−（air conditioning エアコン）

参考 even thoughとthoughはどちらも「〜だけれども」という意味で、使い方も同じですが even thoughのほうが「〜だけれども」を強調した言い方です。air conditioningは「**空調設備**」を言い、機械の「**クーラー**」は air conditionerと言います。

③ The cool weather in fall makes me feel good. And also there are many delicious kinds of fruit in the stores in the fall.

Model Answer （cool 涼しい）−（weather 天候）−（fall 秋）−（make にする）−（feel 感じる）−（good よい）−（also また）−（delicious とてもおいしい）−（kind 種類）−（fruit 果物）−（store 店）

参考 「**make＋人＋動詞の原形**」で「**人に〜させる**」という意味になりますが、このとき、人のあとの動詞は原形になるという決まりがあります。fruitは「果物というものの集まり」として冠詞をつけず単数で使われることが多い言葉です。

④ The weather forecast says it will snow this afternoon. So I'm going to wear my muffler and gloves.

Model Answer （weather 天気）−（forecast 予測）−（say と言う）−（snow 雪が降る）−（afternoon 午後）−（so だから）−（be going to 〜するつもりだ）−（wear を身につけている）−（muffler マフラー）−（glove 手袋）

参考 「**天気予報**」は the weather forecastと必ずtheがつきます。「**手袋**」は手が2つあるので glovesと複数形になります。glasses「メガネ」、socks「靴下」、shoes「靴」、pants「ズボン」なども同様です。片方だけを言うときは単数形になります。

HOP 1-8

chapter 1

トピックから単語を連想しよう！

⏱ 制限時間 1問1分

トピックで話題をイメージし、下の背景情報の囲み内に出て来る日本語に対応する英単語や語句をできるだけ多く声に出して言ってみよう。第1回目は3つ、第2回目は5つ以上をそれぞれ1分以内で言ってみよう。

① トピック　出身地

私は鹿児島出身です。鹿児島は、さつまいもと焼酎で有名です。毎年、多くの旅行者が桜島を見るために鹿児島を訪れます。

第1回　（　　　）-（　　　　）-（　　　）
第2回　（　　　）-（　　　）-（　　　）-（　　　）-（　　　）
　　　（　　　）-（　　　）-（　　　）-（　　　）-（　　　）

② トピック　同窓会

先週、高校の同窓会に行きました。昔のクラスメートの何人かと会えてうれしかったです。今は、秋に一緒にキャンプに行くことを計画しています。

第1回　（　　　）-（　　　）-（　　　）
第2回　（　　　）-（　　　）-（　　　）-（　　　）-（　　　）
　　　（　　　）-（　　　）-（　　　）-（　　　）-（　　　）

③ トピック　先生

私にはとても尊敬する先生がいました。先生はいつも、私たちに夢を追い求めなさいと言いました。私は決して先生のことを忘れません。

第1回　（　　　）-（　　　）-（　　　）
第2回　（　　　）-（　　　）-（　　　）-（　　　）-（　　　）
　　　（　　　）-（　　　）-（　　　）-（　　　）-（　　　）

④ トピック　専攻

私は大学で経済学を専攻しました。最初はアメリカ経済に興味を持っていましたが、今はアジア経済に興味を持つようになりました。

第1回　（　　　）-（　　　）-（　　　）
第2回　（　　　）-（　　　）-（　　　）-（　　　）-（　　　）
　　　（　　　）-（　　　）-（　　　）-（　　　）-（　　　）

トレーニングメニュー1 単語力を高める

① I am from Kagoshima. Kagoshima is famous for sweet potatoes and shochu. Many tourists go to Kagoshima every year to see Mt. Sakurajima.

Model Answer （from 〜出身の）-（Kagoshima 鹿児島）-（famous 有名な）-（sweet potato さつまいも）-（shochu 焼酎）-（many 多くの）-（tourist 旅行者）-（go 行く）-（every year 毎年）-（see を見る）

参考 famous for「〜で有名な」はいい意味で有名なときに使われますが、「悪名高い」と言う場合には notorious for が使われます。

② I went to my high school reunion last week. I was happy to see some of my old classmates. Now we are planning to go camping together in the fall.

Model Answer （reunion 同窓会）-（last week 先週）-（happy うれしい）-（see に会う）-（some 〜の一部）-（classmate クラスメート）-（plan を計画する）-（camping キャンプ）-（together 一緒に）-（fall 秋）

参考 school reunion は、アメリカでは一般的に高校と大学の同窓会のことを言い、これらの同窓会は10年ごとに行われる傾向があります。「秋」は autumn とも言います。

③ I had a teacher I admired a lot. He always told us to follow our dreams. I'll never forget him.

Model Answer （have がいる）-（teacher 先生）-（admire を敬服する）-（a lot たくさん）-（always いつも）-（tell に言う）-（follow を追う）-（dream 夢）-（never 決して〜ない）-（forget を忘れる）

参考 follow one's dreams「〜の夢を追う」は、本当にやりたいことをやるという意味で、別の言葉で言えば Don't give up easily.「簡単にあきらめるな」ということです。

④ In college, I majored in economics. At first I was interested in the American economy, but now I have become interested in Asian economies.

Model Answer （college 大学）-（major in 〜を専攻する）-（economics 経済学）-（at first 最初は）-（interested 興味を持っている）-（American economy アメリカ経済）-（now 今は）-（become になる）-（Asian economies アジア経済）

参考 major「専攻する」は in をともなって使います。また、What is your major?「あなたの専攻は何ですか？」のように名詞として使うこともできます。「〜に興味を持っている」も be [become] interested in 〜のように in とともに使います。

HOP 1-9

chapter 1

トピックから単語を連想しよう！

⏱ 制限時間 1問1分

トピックで話題をイメージし、下の背景情報の囲み内に出て来る日本語に対応する英単語や語句をできるだけ多く声に出して言ってみよう。第1回目は3つ、第2回目は5つ以上をそれぞれ1分以内で言ってみよう。

---

① トピック　ピアノ

子どもの頃、よくピアノを弾いていました。ピアノを弾くことはリラックスするのによい方法だと思います。

第1回　(　　　)-(　　　　)-(　　　)
第2回　(　　　)-(　　　　)-(　　　)-(　　　)-(　　　)
　　　(　　　)-(　　　　)-(　　　)-(　　　)-(　　　)

---

② トピック　好きな音楽

私は10代のときはクラシックとジャズをよく聞いていましたが、最近はJポップをよく聞いています。

第1回　(　　　)-(　　　　)-(　　　)
第2回　(　　　)-(　　　　)-(　　　)-(　　　)-(　　　)
　　　(　　　)-(　　　　)-(　　　)-(　　　)-(　　　)

---

③ トピック　コンサート

私は先週末、いとことクラシックのコンサートに行きました。私はクラシック音楽のファンです。特に好きなのはモーツァルトです。

第1回　(　　　)-(　　　　)-(　　　)
第2回　(　　　)-(　　　　)-(　　　)-(　　　)-(　　　)
　　　(　　　)-(　　　　)-(　　　)-(　　　)-(　　　)

---

④ トピック　カラオケ

昨夜、友達が私をカラオケに誘いました。歌うことは大好きですが、疲れすぎていて行けませんでした。

第1回　(　　　)-(　　　　)-(　　　)
第2回　(　　　)-(　　　　)-(　　　)-(　　　)-(　　　)
　　　(　　　)-(　　　　)-(　　　)-(　　　)-(　　　)

トレーニングメニュー1　単語力を高める

① **I used to play the piano when I was a child. I think playing the piano is a good way to relax.**

Model Answer （used to 以前はよく〜した）–（play を弾く）–（piano ピアノ）–（when 〜だった頃）–（child 子ども）–（think と思う）–（way 方法）–（relax リラックスする）

参考　「楽器を弾く」と言う場合、playを使い、楽器の前には必ずtheをつけます。I play the drums[flute, violin].「私はドラム[フルート、バイオリン]を弾きます」となります。

② **Although I often listened to classical music and jazz when I was in my teens, nowadays I often listen to popular Japanese music.**

Model Answer （although 〜だけれども）–（listen to 〜を聞く）–（classical music クラシック音楽）–（jazz ジャズ）–（teens 10代）–（nowadays 最近は）–（popular 人気のある）–（Japanese 日本の）–（music 音楽）

参考　英語のclassicは形容詞では「伝統的な、一流の」という意味で、名詞では「（本・芸能・文学・音楽などの）古典」という意味になります。音楽としての「クラシック」は、英語ではclassical musicと言います。classical musicもjazzも無冠詞で使います。

③ **I went to a classical music concert last weekend with my cousins. I'm a fan of classical music. I particularly like Mozart.**

Model Answer （go 行く）–（classical クラシックの）–（music 音楽）–（concert コンサート）–（last この前の）–（weekend 週末）–（cousin いとこ）–（fan ファン）–（particularly 特に）–（like が好きである）

参考　classical musicは名詞としては冠詞をつけずに言いますが、「クラシックのコンサート」のように形容詞として使う場合は、a classical music concertのように言います。「〜のファン」はa fan of 〜のようにofを使います。

④ **My friends invited me to go to karaoke last night. I love to sing, but I was too tired to go.**

Model Answer （friend 友達）–（invite を誘う）–（karaoke カラオケ）–（last night 昨夜）–（love が大好きである）–（sing 歌う）–（but しかし）–（too あまりにも）–（tired 疲れた）–（go 行く）

参考　karaoke「カラオケ」は無冠詞で使い、「カラオケに行く」はgo to karaokeと言います。too tired to goは「行くには、あまりにも疲れている」ということなので、「疲れすぎていて行けない」という意味にもなります。

37

chapter 1

HOP 1-10 トピックから単語を連想しよう！

制限時間 1問1分

トピックで話題をイメージし、下の背景情報の囲み内に出て来る日本語に対応する英単語や語句をできるだけ多く声に出して言ってみよう。第1回目は3つ、第2回目は5つ以上をそれぞれ1分以内で言ってみよう。

① トピック　喫茶店

近所の小さな喫茶店に行くのが好きです。その喫茶店はおいしいチョコレートケーキで有名なので、私はそこへ行くと必ず1つ注文します。

第1回　(　　　)-(　　　)-(　　　)
第2回　(　　　)-(　　　)-(　　　)-(　　　)-(　　　)
　　　(　　　)-(　　　)-(　　　)-(　　　)-(　　　)

② トピック　イタリア料理レストラン

昨日、顧客とイタリア料理レストランに行きました。そのレストランの自慢料理はシーフード料理です。シェフはイタリアから来ているので、食事はとてもおいしいです。

第1回　(　　　)-(　　　)-(　　　)
第2回　(　　　)-(　　　)-(　　　)-(　　　)-(　　　)
　　　(　　　)-(　　　)-(　　　)-(　　　)-(　　　)

③ トピック　メキシコ料理

私はメキシコ料理が好きです。辛い料理が嫌いな人もいますが、私は辛い料理が大好きなので、メキシコ料理がとても好きです。

第1回　(　　　)-(　　　)-(　　　)
第2回　(　　　)-(　　　)-(　　　)-(　　　)-(　　　)
　　　(　　　)-(　　　)-(　　　)-(　　　)-(　　　)

④ トピック　カレーライス

カレーライスは、作るのがとても簡単です。必要な材料は肉、じゃがいも、にんじん、玉ねぎ、そしてカレールーです。作るのに30分しかかかりません。

第1回　(　　　)-(　　　) (　　　)
第2回　(　　　)-(　　　)-(　　　)-(　　　)-(　　　)
　　　(　　　)-(　　　)-(　　　)-(　　　)-(　　　)

トレーニングメニュー 1　**単語力を高める**

① I like to go to a small coffee shop in my neighborhood. Since that coffee shop is famous for its delicious chocolate cake, I order a piece whenever I go there.

Model Answer　(coffee shop 喫茶店) – (neighborhood 近所) – (since なので) – (famous 有名な) – (delicious とてもおいしい) – (chocolate cake チョコレートケーキ) – (order を注文する) – (piece 1切れ) – (whenever ～するときはいつも)

> **参考**　wheneverは「～するときはいつも」という意味で、wheneverのあとには「主語＋動詞」の一文が続きます。

② I went to an Italian restaurant with our customers yesterday. That restaurant's specialty is seafood. The chefs are from Italy so the food is really good.

Model Answer　(go 行く) – (Italian restaurant イタリア料理レストラン) – (customer 顧客) – (yesterday 昨日) – (specialty 自慢料理) – (seafood シーフード) – (chef シェフ) – (Italy イタリア) – (food 食事) – (good おいしい)

> **参考**　What's your today's special?「今日のお薦めは何ですか？」と What's your specialty?「名物料理は何ですか？」を混同しないように。specialは「お勧め」、specialtyは「自慢料理 [名物料理]」という意味です。

③ I like Mexican food. Some people don't like spicy food, but I love it, so I really like Mexican food.

Model Answer　(like が好きである) – (Mexican メキシコの) – (food 料理) – (some 一部の) – (people 人々) – (spicy 香辛料の効いた) – (but しかし) – (love が大好きである) – (so それで) – (really 非常に)

> **参考**　spicyは hot と言っても同じ意味です。食べ物の味を表現する言葉はほかに salty「しょっぱい」、oily「油っこい」、rich「こくがある」、sweet「甘い」、bitter「苦い」、sour「すっぱい」などがあります。

④ Curry and rice is very easy to cook. All you need is some meat, potatoes, carrots, onions and curry roux. It only takes about a half an hour to fix.

Model Answer　(curry and rice カレーライス) – (easy 簡単な) – (cook 作る) – (all すべて) – (need を必要とする) – (meat 肉) – (carrot にんじん) – (curry roux カレールー) – (take（時間）がかかる) – (a half an hour 30分) – (fix を作る)

> **参考**　a half an hour「半時間」は、つまり thirty minutes「30分」です。a quarter of an hour「1／4時間」は、fifteen minutes「15分」となります。

STEP 1-11

制限時間 1問1分

chapter 1 トピックから単語を連想しよう！

トピックで話題をイメージし、下の背景情報の囲み内に出て来る日本語に対応する英単語や語句をできるだけ多く声に出して言ってみよう。第1回目は5つ、第2回目は8つ以上をそれぞれ1分以内で言ってみよう。

① トピック 自転車で

最近、自転車で通勤しています。自転車に乗って、風を感じるのはとても気持ちがいいものです。健康にもいいですし、ストレスの発散にもなっています。

第1回　（　　）-（　　）-（　　）-（　　）-（　　）
第2回　（　　）-（　　）-（　　）-（　　）-（　　）
　　　　（　　）-（　　）-（　　）-（　　）-（　　）

② トピック 車で

週末ドライブするのにいい場所はたくさんありますが、道路はしょっちゅう混んでいます。先週、私たちは渋滞で2時間費やしました。

第1回　（　　）-（　　）-（　　）-（　　）-（　　）
第2回　（　　）-（　　）-（　　）-（　　）-（　　）
　　　　（　　）-（　　）-（　　）-（　　）-（　　）

③ トピック 電車で

東京の電車はとても便利です。どこでも早く、そして安く行くことができます。しかしラッシュアワーの間は、電車はとても居心地が悪いです。

第1回　（　　）-（　　）-（　　）-（　　）-（　　）
第2回　（　　）-（　　）-（　　）-（　　）-（　　）
　　　　（　　）-（　　）-（　　）-（　　）-（　　）

④ トピック 飛行機で

私は飛行機の旅が好きです。飛行機からの眺めはとても美しく、オレンジ色の夕焼け雲は息をのむほどです。私はいつも窓際の席を頼みます。

第1回　（　　）-（　　）-（　　）-（　　）-（　　）
第2回　（　　）-（　　）-（　　）-（　　）-（　　）
　　　　（　　）-（　　）-（　　）-（　　）-（　　）

トレーニングメニュー1　**単語力を高める**

① I commute to work by bike these days. It's so nice to feel the wind, riding on the bike. It's good for my health and relieves my stress.

Model Answer （commute 通勤する）−（bike 自転車）−（these days 最近）−（nice 快適な）−（feel を感じる）−（wind 風）−（ride 乗る）−（good よい）−（health 健康）−（relieve を軽減する）−（stress ストレス）

参考　「自転車」は bicycle より bike のほうが日常的によく使われます。日本語で言う「バイク（オートバイ）」は英語では bike とは言わず、motorcycle と言います。

② There are many nice places to drive to on the weekends, but the roads are often crowded. Last week we spent two hours in a traffic jam.

Model Answer （there are 〜がある）−（place 場所）−（drive 車で行く）−（weekend 週末）−（road 道路）−（often しょっちゅう）−（crowded 混雑した）−（last week 先週）−（spend を費やす）−（traffic jam 交通渋滞）

参考　交通渋滞のときに使う表現はほかに heavy traffic「交通混雑」や be stuck in traffic「渋滞に巻き込まれる」などがあります。

③ The trains in Tokyo are very convenient. You can go anywhere quickly and cheaply, but the trains are very uncomfortable during rush hour.

Model Answer （train 電車）−（convenient 便利な）−（go 行く）−（anywhere どこでも）−（quickly 早く）−（cheaply 安く）−（but しかし）−（uncomfortable 居心地の悪い）−（during 〜の間中）−（rush hour ラッシュアワー）

参考　You can go 〜の You は、「あなた」を指すのではなく、ばくぜんと「人々」を指しています。You の代わりに People を使うこともできます。

④ I like air travel. The view from the airplane is so beautiful and the orange clouds in the sunset are breathtaking. I always request a window seat.

Model Answer （like が好きである）−（air 飛行機の）−（travel 旅）−（view 眺め）−（airplane 飛行機）−（beautiful 美しい）−（clouds in the sunset 夕焼け雲）−（breathtaking 息をのむほどの）−（request を求める）−（window seat 窓側の席）

参考　travel は**数えられない名詞**で、「旅行（すること）、（乗物での）移動」を意味し**冠詞をつけずに**使います。一方、trip「旅行、旅、出張」、tour「（何か所かを回る）ツアー」、journey「（長くて困難な長距離の）旅」は**数えられる名詞**なので冠詞をつけます。

STEP 1-12

chapter 1

トピックから単語を連想しよう！

制限時間 1問1分

トピックで話題をイメージし、下の背景情報の囲み内に出て来る日本語に対応する英単語や語句をできるだけ多く声に出して言ってみよう。第1回目は5つ、第2回目は8つ以上をそれぞれ1分以内で言ってみよう。

---

① **トピック** 病院

先週、祖母を見舞うために病院に行きました。祖母は先月、白内障の手術を受けましたが、早く回復しています。

第1回　(　　)–(　　)–(　　)–(　　)–(　　)
第2回　(　　)–(　　)–(　　)–(　　)–(　　)
　　　(　　)–(　　)–(　　)–(　　)–(　　)

---

② **トピック** 朝の散歩

祖父は毎朝、約30分散歩をします。これが祖父の健康を保ち体重増加を防いでくれています。

第1回　(　　)–(　　)–(　　)–(　　)–(　　)
第2回　(　　)–(　　)–(　　)–(　　)–(　　)
　　　(　　)–(　　)–(　　)–(　　)–(　　)

---

③ **トピック** ジム

私は減量したいのでジムに入会しました。私はそこに週3日行っています。エアロビクスのクラスとヨガのクラスに通っています。

第1回　(　　)–(　　)–(　　)–(　　)–(　　)
第2回　(　　)–(　　)–(　　)–(　　)–(　　)
　　　(　　)–(　　)–(　　)–(　　)–(　　)

---

④ **トピック** ストレス解消

私はこの頃、仕事でかなりのストレスがたまっています。ストレスを発散させるために週末にしばしばスポーツセンターのプールで泳ぎます。

第1回　(　　)–(　　)–(　　)–(　　)–(　　)
第2回　(　　)–(　　)–(　　)–(　　)–(　　)
　　　(　　)–(　　)–(　　)–(　　)–(　　)

トレーニングメニュー 1　**単語力を高める**

①
Last week I went to the hospital to visit my grandmother. She had an operation for her cataracts last month but she is getting better quickly.

Model Answer　(last week 先週) – (go 行く) – (hospital 病院) – (visit を訪ねる) – (grandmother 祖母) – (have を受ける) – (operation 手術) – (cataract 白内障) – (last month 先月) – (get better よくなる) – (quickly 早く)

参考　get betterは「快方に向かう」という意味で get wellと recoverは「回復する、治る」という意味です。「手術」は surgeryとも言います。

②
My grandfather takes a walk every morning for about thirty minutes. This keeps him fit and prevents him from gaining weight.

Model Answer　(grandfather 祖父) – (take a walk 散歩をする) – (every morning 毎朝) – (about 約) – (thirty minutes 30分) – (keep を保つ) – (fit 健康な) – (prevent を防ぐ) – (gain を増す) – (weight 体重)

参考　「散歩する」は go for a walkとも言います。「健康を保つ」は keep＋人＋fitという形で使います。fitの代わりに healthyにしても同じです。prevent＋人＋from＋-ingで、「人が〜するのを防ぐ」という意味になります。

③
I wanted to lose some weight so I joined a gym. I go there three days a week. I take aerobics classes and yoga classes.

Model Answer　(want を望む) – (lose を減らす) – (weight 体重) – (join に入会する) – (gym ジム) – (go 行く) – (there そこへ) – (three days a week 週3日) – (aerobics class エアロビクスのクラス) – (yoga class ヨガのクラス)

参考　ジムの話題でよく使う表現には get into shape「体調を整える」、get fit「体をきたえる、健康になる」などがあります。

④
I have a lot of stress at work these days. I often swim in the pool at the sports center on weekends to get rid of it.

Model Answer　(have がある) – (a lot of 多くの) – (stress ストレス) – (work 仕事) – (these days この頃) – (often しばしば) – (swim 泳ぐ) – (pool プール) – (sports center スポーツセンター) – (weekend 週末) – (get rid of を発散する)

参考　have stress「ストレスがたまる」はほかに be under stress「ストレス下にある」、be stressed「ストレスを受ける」などでも表現できます。

STEP 1-13

chapter 1

トピックから単語を連想しよう！

⏱ 制限時間 1問1分

トピックで話題をイメージし、下の背景情報の囲み内に出て来る日本語に対応する英単語や語句をできるだけ多く声に出して言ってみよう。第1回目は5つ、第2回目は8つ以上をそれぞれ1分以内で言ってみよう。

① トピック 携帯電話

私は携帯電話を2年前に買いました。今、新しいのを買おうと思っていますが、あまりにも種類が多すぎて、1つに決めることができません。

第1回　(　　　)-(　　　)-(　　　)-(　　　)-(　　　)
第2回　(　　　)-(　　　)-(　　　)-(　　　)-(　　　)
　　　　(　　　)-(　　　)-(　　　)-(　　　)-(　　　)

② トピック コンピューター

夜、私はコンピューターの前で多くの時間を過ごします。まずEメールをチェックします。それから、ニュースをサイトで読みます。最後に自分のブログを書きます。

第1回　(　　　)-(　　　)-(　　　)-(　　　)-(　　　)
第2回　(　　　)-(　　　)-(　　　)-(　　　)-(　　　)
　　　　(　　　)-(　　　)-(　　　)-(　　　)-(　　　)

③ トピック DVD

私は映画を見に行くのに十分な時間がないので、ふだんはDVDを借ります。ときには、家でDVDを見るほうがくつろげるので好きです。

第1回　(　　　)-(　　　)-(　　　)-(　　　)-(　　　)
第2回　(　　　)-(　　　)-(　　　)-(　　　)-(　　　)
　　　　(　　　)-(　　　)-(　　　)-(　　　)-(　　　)

④ トピック マンガ

日本のマンガは世界中で人気があります。多くが英語に訳されて、そしてインターネットでさえも読むことができます。

第1回　(　　　)-(　　　)-(　　　)-(　　　)-(　　　)
第2回　(　　　)-(　　　)-(　　　)-(　　　)-(　　　)
　　　　(　　　)-(　　　)-(　　　)-(　　　)-(　　　)

トレーニングメニュー1　**単語力を高める**

① I bought my cell phone two years ago. I'm thinking of getting a new one now, but there are so many types that I can't decide which one to get.

Model Answer　(buy を買う) – (cell phone 携帯電話) – (two years ago 2年前) – (think of + -ing ～しようかと考える) – (get を買う) – (new one 新しいもの) – (now 今) – (many 多くの) – (type 種類) – (decide を決める)

参考　a new one [cell phone]「新しい携帯電話」は、ほかに a new model「新機種」、the latest [newest] model「最新機種」といった言い方があります。

② I spend a lot of time on the computer in the evening. First, I check my email. Then I read the news on websites. Finally, I write on my blog.

Model Answer　(spend を費やす) – (a lot of 多くの) – (computer コンピューター) – (in the evening 夜) – (first まず) – (check をチェックする) – (email Eメール) – (website ウェブサイト) – (finally 最後に) – (blog ブログ)

参考　eveningは「午後6時頃から就寝時刻までの時間帯」を指します。また、メール関連用語として send an email「Eメールを送る」、reply to an email「Eメールに返信する」などがあります。

③ I don't have enough time to go to the movies, so I usually rent DVDs. Sometimes I prefer watching DVDs at home because I can relax.

Model Answer　(enough time 十分な時間) – (movie 映画) – (usually ふだんは) – (rent を借りる) – (DVD DVD) – (sometimes ときには) – (prefer のほうが好きである) – (watching を見ること) – (at home 家で) – (relax くつろぐ)

参考　rentは「貸す」「借りる」の両方の意味があり、**有料での貸し借り**を言います。borrowは「(無料で)借りる」、lendは「(無料で)貸す」という意味になります。

④ Japanese comics are popular around the world. Many are translated into English and you can even read them on the Internet.

Model Answer　(Japanese 日本の) – (comics マンガ) – (popular 人気のある) – (around the world 世界中で) – (many 多く(のマンガ)) – (translate を訳す) – (English 英語) – (even でさえ) – (read を読む) – (Internet インターネット)

参考　comicは「こっけいな」という意味があり、日本の「マンガ」と意味にズレが生じるため graphic novels「劇画、マンガ」が使われたりします。**many**には「多くの」という意味以外に、「多くの人/物/こと」という代名詞の意味があります。

45

STEP 1-14 トピックから単語を連想しよう！

chapter 1

制限時間 1問1分

トピックで話題をイメージし、下の背景情報の囲み内に出て来る日本語に対応する英単語や語句をできるだけ多く声に出して言ってみよう。第1回目は5つ、第2回目は8つ以上をそれぞれ1分以内で言ってみよう。

① トピック　血液型

私は、アメリカ人の友達に彼女の血液型を尋ねました。彼女は私の質問に驚きました。外国人のほとんどは、血液型と性格に関係があるとは思っていません。

第1回　( )-( )-( )-( )-( )
第2回　( )-( )-( )-( )-( )
　　　 ( )-( )-( )-( )-( )

② トピック　星占い

星占いが実現するかしないかは、誰にもわかりません。でも私は自分の星占いを毎日、新聞でチェックします。私は8月に生まれたのでしし座です。

第1回　( )-( )-( )-( )-( )
第2回　( )-( )-( )-( )-( )
　　　 ( )-( )-( )-( )-( )

③ トピック　バレンタインデー

日本ではバレンタインデーに女性が男性にチョコレートをあげます。しかしアメリカでは普通、男性がガールフレンドか奥さんにチョコレートをあげます。

第1回　( )-( )-( )-( )-( )
第2回　( )-( )-( )-( )-( )
　　　 ( )-( )-( )-( )-( )

④ トピック　お誕生日

先週、私のお誕生日を祝いました。家族と友達が金曜日にサプライズパーティーを開いてくれ、私はたくさんの素敵なプレゼントをもらいました。

第1回　( )-( )-( )-( )-( )
第2回　( )-( )-( )-( )-( )
　　　 ( )-( )-( )-( )-( )

トレーニングメニュー1　単語力を高める

① I asked my American friend her blood type. She was surprised by my question. Most foreigners don't think that blood type and personality are related.

Model Answer （ask を尋ねる）−（American friend アメリカ人の友達）−（blood type 血液型）−（surprised 驚いた）−（question 質問）−（most ほとんどの）−（foreigner 外国人）−（think と思う）−（personality 性格）−（related 関係がある）

参考　「人に〜を尋ねる」という場合は、「ask＋人＋質問事項」という形を使います。that blood type 〜の that は「〜ということ」という意味で、この場合 Most foreigners.... と blood type and personality... という2つの文を結ぶ働きをしています。

② No one knows if horoscopes come true or not. But I check my horoscope in the newspaper every day. I was born in August, so I'm a Leo.

Model Answer （no one 誰も〜ない）−（know を知る）−（horoscope 星占い）−（come true 実現する）−（check をチェックする）−（newspaper 新聞）−（every day 毎日）−（be born 生まれる）−（August 8月）−（Leo しし座）

参考　No one knows if 〜は「〜かどうかは誰も知らない」という意味になります。come true「実現する」は起こりそうもないことが実際に起きたときなどに使います。

③ Women give chocolates to men on Valentine's Day in Japan. But in the United States, men usually give chocolates to their wives or girlfriends.

Model Answer （woman 女性）−（give をあげる）−（chocolate チョコレート）−（Valentine's Day バレンタインデー）−（in Japan 日本では）−（in the United States アメリカでは）−（usually 普通）−（wife 奥さん）−（girlfriend ガールフレンド）

参考　「give＋物＋to＋人」は「give＋人＋物」でも言えます。上の文は Women give men chocolates on Valentine's Day. と言うこともできます。

④ Last week I celebrated my birthday. My family and my friends threw me a surprise party on Friday and I got a lot of nice presents.

Model Answer （last week 先週）−（celebrate を祝う）−（birthday お誕生日）−（family 家族）−（throw （パーティー）を開く）−（surprise party サプライズパーティー）−（on Friday 金曜日に）−（get をもらう）−（nice すてきな）−（present プレゼント）

参考　「誰々のためにパーティーを開く」は、throw＋人＋a party で表します。「パーティーを開く」は、このほか have a party、give a party などの言い方があります。

STEP 1-15

chapter 1

トピックから単語を連想しよう！

制限時間 1問1分

トピックで話題をイメージし、下の背景情報の囲み内に出て来る日本語に対応する英単語や語句をできるだけ多く声に出して言ってみよう。第1回目は5つ、第2回目は8つ以上をそれぞれ1分以内で言ってみよう。

① トピック 津波

世界のいくつかの地域では津波による大きな被害が出ています。私も海に近い地域に住んでいますので、大きな地震のあとは津波がとても心配です。

第1回　(　　　)-(　　　)-(　　　)-(　　　)-(　　　)
第2回　(　　　)-(　　　)-(　　　)-(　　　)-(　　　)
　　　 (　　　)-(　　　)-(　　　)-(　　　)

② トピック 雷雨

この間の雷雨には驚きました。急に暗くなり、大きな雷鳴と一緒に稲妻が光り、雨が激しく降り始めました。

第1回　(　　　)-(　　　)-(　　　)-(　　　)-(　　　)
第2回　(　　　)-(　　　)-(　　　)-(　　　)-(　　　)
　　　 (　　　)-(　　　)-(　　　)-(　　　)

③ トピック 台風

台風はいくつか別の呼び方で呼ばれています。北米や中米の諸都市を襲うのはハリケーン、東南アジア地域にやって来るものはサイクロン、またはトロピカル・サイクロンと呼ばれます。

第1回　(　　　)-(　　　)-(　　　)-(　　　)-(　　　)
第2回　(　　　)-(　　　)-(　　　)-(　　　)-(　　　)
　　　 (　　　)-(　　　)-(　　　)-(　　　)

④ トピック 地震

私は、今朝テレビをつけてショックを受けました。新潟で大きな地震があり、多くの家が破壊されたということを知りました。

第1回　(　　　)-(　　　)-(　　　)-(　　　)-(　　　)
第2回　(　　　)-(　　　)-(　　　)-(　　　)-(　　　)
　　　 (　　　)-(　　　)-(　　　)-(　　　)

トレーニングメニュー1 単語力を高める

① Some parts of the world have suffered great damage from tsunamis. I am really concerned about tsunamis if a big earthquake occurs, because I live in an area close to the sea.

Model Answer (part 地域) – (suffer (被害)をこうむる) – (great 甚大な) – (damage 被害) – (tsunami 津波) – (concerned 心配している) – (earthquake 地震) – (occur 生じる) – (area 地域) – (close に近い)

参考 partは「地域」という意味でも使い、a part of a countryのような使い方ができます。「被害が出る」はsuffer damageやbe damagedで表せます。

② I was frightened by a thunderstorm the other day. Suddenly it got dark, lightning flashed with a big roar of thunder, and it started to rain heavily.

Model Answer (frightened 驚く) – (thunderstorm 雷雨) – (the other day 先日) – (suddenly 突然に) – (get dark 暗くなる) – (lightning 稲妻) – (flash 光る) – (roar うなる音) – (thunder 雷) – (start 始める) – (rain 雨が降る) – (heavily 激しく)

参考 be frightenedは「怖がる、驚かされる」。「稲妻が光る」はThe lightning flashes.と言い、「雷鳴がとどろく」は、The thunder booms.やIt is thundering.と言います。

③ Typhoons are called by a few other names. They are called hurricanes if they hit cities in North or Central America, and cyclones or tropical cyclones if they hit Southeast Asia.

Model Answer (typhoon 台風) – (call と呼ぶ) – (other ほかの) – (hurricane ハリケーン) – (hit を襲う) – (North 北の) – (Central America 中央アメリカ) – (cyclone サイクロン) – (tropical 熱帯の) – (Southeast Asia 東南アジア)

参考 and cyclonesの andと cyclonesの間の they are calledが省略されています。

④ I was shocked when I turned on the TV this morning. I learned that there was a big earthquake in Niigata and many houses were damaged.

Model Answer (shocked ショックを受けた) – (when ～のとき) – (turn on をつける) – (TV テレビ) – (this morning 今朝) – (learn を知る) – (earthquake 地震) – (many 多くの) – (house 家) – (damaged 損害を受けた)

参考 「驚いた」はいい知らせの場合はI am surprisedと言えますが、悪い知らせを聞いて驚いたという場合は、surprisedではなくI am shockedを使って表します。

中・高で学んだ英語をほぼ忘れた状態からのアメリカ生活

　私が本格的に英語の勉強を始めたのは大学を卒業した年の22歳のときでした。大学ではほとんど英語の勉強はしませんでしたので、レベルは中・高の英語の時間に学んだ英語をほぼ忘れてしまったという状態だったのではないでしょうか？　したがって勉強を始めたとはいってもまったくどこから手をつけたらよいかわかりませんでした。

　英会話スクールに足を運んだり、高校の教科書を開いてみたりしましたが、まったくチンプンカンプンで何も進みませんでした。そこで一念発起してアメリカに行けば覚えるだろうと思って行ったのです。ところが、それがとんでもない間違いだとわかるまでに数か月かかりました。要するにちゃんと基礎を勉強して、目的をはっきりさせて学習しないと現地にいても言葉は覚えられないということでした。

　そこで役立ったのが中・高の英語の教科書でした。まずは簡単な文法の基本を勉強して最低限の表現ができるように復習しました。文法といっても、現在形、過去形、未来形、現在完了形のシンプルな使い方に集中して勉強したことを記憶しています。この基本パターンをある程度マスターすればあとは単語力を増やすことに焦点を当てることで表現の幅が広がってきます。

　それでは私はどのようにして単語力を高めたのでしょうか？　それはまず自分の好きな、あるいは得意な分野で勝負することでした。私の場合は、歴史、音楽、映画、スポーツの分野が得意でした。今でも得意ですが…。したがってこれらの分野に絞って辞書を片手に雑誌、新聞、本などを読みあさりました。これは皆さんが日本語の新聞を読むときに、興味のあるところから読むのと同じです。興味ある、あるいは得意な分野だと、不思議とどんどん頭に入っていきます。というのも、すでに日本語での知識が十分にあるので理解も早いからです。私の友人には車が大好きで、車の雑誌のみを読んで単語力を飛躍的に伸ばしたという方がいますし、女性ではファッション雑誌のみで単語力を高めた方がいます。

　皆さんにお勧めしたいことは、ただ単に単語のみを覚えようとすることは避けて、例えば英字新聞の中で自分の興味ある分野の記事だけに絞って辞書を片手に1日最低1つの記事を読むことです。それからネイティブ・スピーカーと友達になるにしても共通の趣味や知識を持った人たちとつき合うことです。そのためにも大事なことは、日本語での話題を常に豊富に持つようにすること、あとは自分の趣味や得意分野を深めることです。日本語の語いが多ければ多いほど英語の単語力も高くなります。

長友　信

chapter 2

トレーニングメニュー 2
作文力を高める

!TRAINING POINT

- 使える英語パターンを身につける
- 英語の語順に慣れる
- 声に出して何度も練習

> 英語の音や
> リズムに慣れ、
> 耳からも覚えることで、
> 正しい英語が
> 脳に定着します！

chapter 2 トレーニング・マニュアル

●Chapter 2の問題形式

❶
| 使える英語パターン | I am / You are / He/She/It is |

(1) 私はとてもうれしいです。❷
_____ (happy / very). ❸
(2) 私は横浜出身です。
_____ (Yokohama / from).
(3) 彼はバスケットボールチームのメンバーです。
_____ (the basketball team / a member of).
(4) あなたは私の親友です。
_____ (friend / best / my).
(5) あなたはフルタイムで働いていますか？
_____ (full-time / working)?

①

トレーニング方法

❶ 最初に使える英語パターンを確認します。

❷ 次に問題の日本語を読みます。

❸ 「使える英語パターン」を使って、（　）内に挙げた英語を並べ替え、日本語を英語に直し、声に出して言ってください。
　→制限時間は、それぞれ1問30秒。

> 　自分で自由に英語を作る前に、英語の特徴をよく理解しておくトレーニングが必要です。ここでは、正解文を考え出すことよりも英語の表現パターンと語順に慣れることを目的としています。日本語の出だしと英語の出だしを比較して、日本語の出だしが英語ではどうなるのかを常に意識しながら、問題を解いてください。このようなトレーニングを積むことによって、実際に英語を作ることが、よりやさしくなってきます。

トレーニングメニュー2 作文力を高める

> 「 私は ／ あなたは ／ 彼は／彼女は／それは〜です」
>   I am ／ You are ／ He/She/It is
>
> (1) I am very happy.
> (2) I am from Yokohama.
> (3) He is a member of the basketball team.
> (4) You are my best friend.
> (5) Are you working full-time?

❹①

解説 I am は be動詞の1人称現在形です。 **❺**

be動詞には "am" "are" "is" "was" "were" の5つの形があります。"am" "are" "is" は**現在形**で使われ、"was" "were" は**過去形**で使われます。また、「今〜しているところです」「そのとき〜しているところでした」という意味を表す「**現在・過去進行形**」は、「**be動詞＋-ing**」で表します。

現 在 形	I am ／ You are ／ He/She/It is ／ We are ／ They are
過 去 形	I was ／ You were ／ He/She/It was ／ We were ／ They were
現在進行形	am ／ are ／ is ／ was ／ were ＋ -ing

解説 解答と解説について

❹ 自分が作った英語と解答にある英語を見て、誤りがあった場合は、正解の英語を何度も声に出して言い、正しい語順に慣れる練習をしましょう。

❺ 文法事項を理解し、文を組立てるコツを身につけましょう。

> 　正しい英語を何度も声に出して言うことで、その英語の音やリズムに慣れることができます。頭だけで暗記するのではなく、このように声に出して耳からも覚えていくことで、脳により効果的に正しい英語が定着していきます。

トレーニング・マニュアル

Chapter 2の目的と効用

目的 トレーニングメニュー 2では、「英語の表現パターンを身につけるトレーニング」と「英語の正しい語順を考えるトレーニング」をして、会話をする際に必要となる**英語の作文力を高めるトレーニング**を行います。

まず、言おうとしていることに合った**文頭の英語パターン（I amやIt is、There areなど）がパッと頭に浮かぶようになるトレーニング**をします。単純なようですが、これができたとき、驚くほど話せるようになっていることを実感するでしょう。

同時に、英語パターンのあとの語順に慣れるトレーニングをします。最初に正しい主語が決まると動詞も動詞のあとに続く語句も自然と正しい形に決まり、片言ではない自然な英語を作ることができるようになりますが、正しい語順を理解していなければ、そうはいきません。

これらのトレーニングを繰り返すことが、**英語が早く話せるようになるコツ**です。

英語パターンを身につけるトレーニング

30の英語パターンを学びます。ここに挙げられた30パターンは**会話には欠かせない基本中の基本のパターン**ですので、これらがよく理解できれば、かなりのことをしゃべれるようになります。

相手とのコミュニケーションを円滑にするために、文頭の表現パターンがいくつもあります。例えば、
「私は〜です」→I am 〜 、
「私が思うには〜」→I think 〜
「要するに言いたいのは〜」→The point is 〜
などです。

こうした文頭の表現パターンは、このあとに続く、話し手が本当に言いたいことの**「話の中身」の性格を前もって知らせる**という働きがあります。

語順に慣れるトレーニング

例えば、「私はバスケットボールチームのメンバーです」をとっさに、I amを使っ

トレーニングメニュー2　作文力を高める

て言うことを思いついても、「私は…です」が言えるようになったにすぎません。それでは「バスケットボールチームのメンバー」はどう言ったらいいのでしょうか？

　念のために、ここでちょっと日本語の語順と英語の語順を日本語で表記してみましょう。

日本語の語順　「私は／バスケットボールチーム／の／メンバー／です」
英語の語順　　「私は／です／メンバー／の／バスケットボールチーム」
　　　　　　　　　I　am　a member　of　the basketball team.

この場合、英語の語順は日本語の語順とほぼ逆になっていることがわかりますね。

　それでは、「あなたは私の親友です」はどうでしょうか？　このような場合はYou areを使います。それでは「私の親友」はどう言ったらいいのでしょうか？

日本語の語順　「あなたは／私の／親友／です」
英語の語順　　「あなたは／です／私の／親友」
　　　　　　　　　　　You　are　my　best friend.

おもしろいことに「バスケットボールチームの」の場合と違い、「私の」といった代名詞の場合は、日本語の語順と同様になります。ここは、動詞areが主語Youのあとに続く以外は、そのあとの**語順は日本語と同じ**です。

　ここで大切なのは**英語は正しい語順にしないと英語として通じない**という点です。

　もうひとつ考えてみましょう。初めの文は a memberとなっていたのに、my friendにはaが入っていません。a my friend のようにaはいらないのでしょうか？答えは、「いりません」です。英語には、**myや yourなどの代名詞を使う場合は冠詞a や theをつけない**、という決まりがあるのです。

　英語の語順を覚える、というのは、言ってみれば**英語のルールを学ぶ**ということでもあるのです。英語が話せるようになるためには、こうした「英語を話すときのルール」を数多く覚えておかなければなりません。

　Chapter 2の目的は、数多くの英語パターンと英語のルールを覚え、正しい語順に慣れるトレーニングをすることで、会話をするときに必要となる作文力を高めるということにあります。

効用　ここでは、正解文を考え出すことよりも、英語の表現パターンと語順に慣れることを目的としています。このようなトレーニングをこなすことで、英語を**形作る基本となる構文を覚え、英語の様々な言い回しや表現のルールを知識として蓄えていく**ことができます。

55

HOP 2-1

chapter 2

簡単な文を声に出して言ってみよう！

制限時間 1問30秒

「使える英語パターン」を使って、（ ）内に挙げた英語を並べ替え、日本語を英語に直し、それぞれ1問30秒以内で声に出して言ってみよう。

① 使える英語パターン　I am ／ You are ／ He/She/It is

(1) 私はとてもうれしいです。
＿＿＿＿＿＿＿＿＿＿＿＿＿＿＿＿＿＿＿＿＿＿＿ (happy / very).

(2) 私は横浜出身です。
＿＿＿＿＿＿＿＿＿＿＿＿＿＿＿＿＿＿＿＿＿＿＿ (Yokohama / from).

(3) 彼はバスケットボールチームのメンバーです。
＿＿＿＿＿＿＿＿＿＿＿＿＿＿＿＿ (the basketball team / a member of).

(4) あなたは私の親友です。
＿＿＿＿＿＿＿＿＿＿＿＿＿＿＿＿＿＿＿＿＿＿＿ (friend / best / my).

(5) あなたはフルタイムで働いていますか？
＿＿＿＿＿＿＿＿＿＿＿＿＿＿＿＿＿＿＿＿＿＿＿ (full-time / working) ?

② 使える英語パターン　This is/These are ／ That is/Those are

(1) あれはとても高価な携帯電話です。
＿＿＿＿＿＿＿＿＿＿＿＿＿＿＿＿ (very / a / expensive / cell phone).

(2) あの人たちは私の友達です。
＿＿＿＿ people ＿＿＿＿＿＿＿＿＿＿＿＿＿＿＿ (friends / my).

(3) これは有名な寿司屋ですか？
＿＿＿＿＿＿＿＿＿＿＿＿＿＿＿＿ (famous / a / sushi restaurant) ?

(4) これらは重要な書類です。
＿＿＿＿＿＿＿＿＿＿＿＿＿＿＿＿＿＿＿ (documents / important).

(5) あれは興奮するサッカーの試合でした。
＿＿＿＿＿＿＿＿＿＿＿＿＿＿＿＿＿＿ (exciting / an / soccer game).

トレーニングメニュー2　作文力を高める

ここに注意
① 疑問文では、be 動詞が先に来る！
② 過去形は is → was になる！

私は　／　あなたは　／　彼は /彼女は /それは〜です
I am　／　You are　／　He/She/It is

①
(1) I am very happy.
(2) I am from Yokohama.
(3) He is a member of the basketball team.
(4) You are my best friend.
(5) Are you working full-time?

解説　I am は be動詞の1人称現在形です。

　be動詞には"am""are""is""was""were"の5つの形があります。"am""are""is"は**現在形**で使われ、"was""were"は**過去形**で使われます。また、「今〜しているところです」「そのとき〜しているところでした」という意味を表す**現在・過去進行形**は、「be動詞＋-ing」で表します。

現　在　形	I am ／ You are ／ He/She/It is ／ We are ／ They are
過　去　形	I was ／ You were ／ He/She/It was ／ We were ／ They were
現在進行形	am ／ are ／ is ／ was ／ were ＋ -ing

これは /これらは　　　／　あれは /あれらは〜です
This is/These are　　／　That is/Those are

②
(1) That is a very expensive cell phone.
(2) Those people are my friends.
(3) Is this a famous sushi restaurant?
(4) These are important documents.
(5) That was an exciting soccer game.

解説　this(複数形these)／ that(複数形those)は、「これ(これら)」「あれ(あれら)」という意味の代名詞で、具体的な人やものなどを指します。

　this は話し手から**近い位置**にあるものを指し、that は**遠い位置**にあるものを指します。また this や that のすぐあとに名詞を続けて、「この〜」「あの･〜」のように表現することもあります。

HOP 2-2 簡単な文を声に出して言ってみよう！

chapter 2

制限時間 1問30秒

「使える英語パターン」を使って、（ ）内に挙げた英語を並べ替え、日本語を英語に直し、それぞれ1問30秒以内で声に出して言ってみよう。

① 使える英語パターン　There is ／ There are

(1) 今夜テレビでおもしろい映画があります。
＿＿＿＿＿＿＿＿＿＿ (tonight / movie / on TV / interesting / an).

(2) 近所にいい喫茶店があります。
＿＿＿＿＿＿＿＿＿＿ (in / my neighborhood / good / a / coffee shop).

(3) 電車には通勤客が多すぎるくらい乗っていました。
＿＿＿＿＿＿＿＿＿＿ (on the train / many / too / commuters).

(4) 上司あてに電話がありましたか？
＿＿＿＿＿＿＿＿＿＿＿＿＿ (telephone call / a / my boss / for)?

(5) 年の初めには多くのセールがあります。
＿＿＿＿＿＿＿＿＿＿ (sales / at / many / the beginning of the year).

② 使える英語パターン　Let's

(1) パーティーをしましょうよ。
＿＿＿＿＿＿＿＿＿＿＿＿＿＿＿＿＿＿＿＿ (party / have / a).

(2) このことは彼には言わないでおこう。
＿＿＿＿＿＿＿＿＿＿＿＿＿＿＿＿ (this / him / about / tell).

(3) 地球環境のことについてもっと考えましょう。
＿＿＿＿＿＿＿＿＿＿ (about / more / the global environment / think).

(4) バスに乗って行こう。
＿＿＿＿＿＿＿＿＿＿＿＿＿＿＿＿＿ (bus / take / a).

(5) スケジュールをチェックしましょう。
＿＿＿＿＿＿＿＿＿＿＿＿＿＿＿ (the / schedule / check).

トレーニングメニュー2　作文力を高める

ここに注意
① 過去形は is → was ／ are → were になる！
② 「～するのはよそう」は Let's のあとに not をつける！

～があります・～がいます
There is ／ There are

①
(1) There is an interesting movie on TV tonight.
(2) There is a good coffee shop in my neighborhood.
(3) There were too many commuters on the train.
(4) Was there a telephone call for my boss?
(5) There are many sales at the beginning of the year.

解説 there is/ there are は「～があります」「～がいます」という意味で、何かの存在を表す言い方です。

　「There＋be動詞」の形で、be動詞のあとに存在する人やものを表す名詞が来ます。**be動詞のあとに来る名詞が単数ならば is、複数ならば are**になります。
　また there is/are は be動詞以外に「一般動詞」を使うこともできます。このときの「一般動詞」は存在、出現、状態などを表す自動詞(live, exist, come, happenなど)となります。There lived a girl named Anne.「アンという名の女の子が住んでいました」

～しよう
Let's

②
(1) Let's have a party.
(2) Let's not tell him about this.
(3) Let's think more about the global environment.
(4) Let's take a bus.
(5) Let's check the schedule.

解説 Let's ～ は「(一緒に)～しよう」という意味で、Let us の短縮形です。

　「**Let's＋動詞の原形**」で、人を誘ったり、人に何か提案をしたりするときに使います。Let's go out for dinner together, shall we?「一緒に晩御飯を食べに行きませんか？」のように **shall we?** をつけると、相手の気持ちを尋ねる意味合いが出るために、**丁寧な感じ**になります。誘われた側は Yes, let's.「そうしましょう」または No, let's not.「やめておきましょう」のように答えます。

HOP 2-3 簡単な文を声に出して言ってみよう！

制限時間 1問30秒

「使える英語パターン」を使って、（　）内に挙げた英語を並べ替え、日本語を英語に直し、それぞれ1問30秒以内で声に出して言ってみよう。

① 使える英語パターン　I will ／ We will ／ You will ／ He/She will

(1) 私は（今度の）土曜日にサッカーをするつもりです。
_____ (on Saturday / play soccer).

(2) 私たちは（今度の）月曜日にコンサートに行くつもりです。
_____ (a concert / go to / on Monday).

(3) 彼は海外に転勤になるでしょう。
_____ (overseas / be transferred).

(4) あなたは明日、洋服を買いに行きますか？
_____ (for clothes / go shopping / tomorrow)?

(5) 彼女は病院にいるおじいさんを訪問します。
_____ (grandfather / her / in the hospital / visit).

② 使える英語パターン　be going to

(1) 今週末、友達に会いに行きます。
_____ (my friend / see / weekend / this).

(2) 今夜、そのテレビ番組を見ますか？
_____ (tonight / that TV program / watch)?

(3) 私の妹は、一日中試験勉強をします。
_____ (long / all day / for an exam / study).

(4) 私の上司は今日、早退します。
_____ (work / leave / today / early).

(5) 私たちは、来年オーストラリアに行きます。
_____ (summer / next / to / Australia / go).

トレーニングメニュー2　**作文力を高める**

ここに注意
① 疑問文では will が先に来る！
② 疑問文では、be 動詞が先に来る！

私は　／　私たちは　／　あなたは　／　彼は/彼女は〜するつもりです
I will　／　We will　／　You will　／　He/She will

①
(1) I will play soccer on Saturday.
(2) We will go to a concert on Monday.
(3) He will be transferred overseas.
(4) Will you go shopping for clothes tomorrow?
(5) She will visit her grandfather in the hospital.

解説　これからの予定を表すときは、willを使います。

　未来を表す場合は一般的に「will＋動詞の原形」を使います。「動詞の原形」というのは、doとかgoのような辞書の見出しの形のことです。それでは、am/are/isなどのbe動詞の原形は何ですか？　そうです。beです。ですから、「私はすぐに戻ってきます」のようにこれから先のことを言う場合はI will be back soon.のようにwill beという形で使います。

〜するつもりです
be going to＋動詞の原形

②
(1) I'm going to see my friend this weekend.
(2) Are you going to watch that TV program tonight?
(3) My sister is going to study for an exam all day long.
(4) My boss is going to leave work early today.
(5) We are going to go to Australia next summer.

解説　「be going to ＋ 動詞の原形」で「〜するつもり [予定] です」という未来を表す表現になります。

　未来といっても I'm going to eat dinner now.「今、夕食を食べます」あるいは I'm going to get married next year.「来年、結婚するつもりです」など、とても幅広く使えます。また、**be going to** は話す以前からそのようにするつもりでいた、という話し手の意志がこもった表現です。
　(4)の leave work early は「職場を早めに離れる」という意味です。

HOP 2-4

chapter 2 簡単な文を声に出して言ってみよう！

⏱ 制限時間 1問30秒

「使える英語パターン」を使って、（ ）内に挙げた英語を並べ替え、日本語を英語に直し、それぞれ1問30秒以内で声に出して言ってみよう。

① 使える英語パターン　what

(1) その本のタイトルは何ですか？
　　_____ (the title / is / the book / of)？

(2) 彼の一番好きなスポーツは何ですか？
　　_____ (his / is / sport / favorite)？

(3) あなたは地震が起きたとき何をしていましたか？
　　_____ (happened / when the earthquake / were / doing / you)？

(4) 彼女は何料理が好きですか？
　　_____ (food / kind of / she / does / like)？

(5) 電車は何時に大阪に到着しますか？
　　_____ (the train / does / time / arrive / in Osaka)？

② 使える英語パターン　who ／ which

(1) あなたの好きな俳優は誰ですか？
　　_____ (actor / favorite / your / is)？

(2) 誰とテニスをしましたか？
　　_____ (with / you / did / play / tennis)？

(3) 駅までの一番いい道はどれですか？
　　_____ (to the station / is / way / the best)？

(4) 海と山ではどちらが好きですか？
　　_____ (the beach / you / like / do / better / the mountains / or)？

(5) どの言葉を学びたいですか？
　　_____ (language / you / to / want / do / learn)？

62

トレーニングメニュー２　作文力を高める

ここに注意　疑問詞のあとの語順に注意！

何？　何を？　どんな～？
what

①
(1) What is the title of the book?
(2) What is his favorite sport?
(3) What were you doing when the earthquake happened?
(4) What kind of food does she like?
(5) What time does the train arrive in Osaka?

解説　「何？」「何を？」「どんな～？」と聞くときにはwhatを使います。

　① (1) (2)はあるものごとについて「何なのか」を聞いています。この場合Whatが主語になり、語順は「What＋動詞」になります。②(3)は「何を」と聞いています。語順は「What＋be動詞/助動詞＋主語」となり、Whatのあとは疑問文の語順になります。③(4)(5)は「どんな～？」と聞いています。その場合、「What＋名詞」となり、あとの語順は①か②のどちらかになります。

誰？　／　どれ/どちら？　どれを/どちらを？　どの/どちらの？
who　／　which

②
(1) Who is your favorite actor?
(2) Who did you play tennis with?
(3) Which is the best way to the station?
(4) Which do you like better, the mountains or the beach?
(5) Which language do you want to learn?

解説　「誰？」はwho、「どれ/どちら？」「どれを/どちらを？」「どの/どちらの？」はwhichを使います。

who　①(1)は「誰なのか」を聞いています。このときWhoが主語になるので語順は「Who＋動詞」になります。②(2)は「誰と」と聞いています。この文は、Did you play tennis with whom?「誰々さんとテニスをしましたか？」という文をもとにして、疑問詞Whomを文頭に出したものです。このような場合、会話では普通whomではなくwhoが用いられます。

which　①(3)は「どれが」を聞いており、Whichが主語になっています。② (4)は「どちらを」と聞いているので、語順は「Which＋be動詞/助動詞＋主語」となります。③(5)は「どの～？」と聞いているので「Which＋名詞」となります。

HOP 2-5 簡単な文を声に出して言ってみよう！

制限時間 1問30秒

chapter 2

「使える英語パターン」を使って、（　）内に挙げた英語を並べ替え、日本語を英語に直し、それぞれ1問30秒以内で声に出して言ってみよう。

① 使える英語パターン　when ／ where

(1) どこで晩御飯を食べましたか？
_____ (you / did / dinner / have) ?

(2) あなたの奥様はどこで働いていますか？
_____ (working / is / wife / your) ?

(3) あなたはいつ歯医者に行きましたか？
_____ (the dentist / you / did / go to) ?

(4) 彼はいつが都合がいいのですか？
_____ (a good time / him / for / is) ?

(5) 彼女の家はどこですか？
_____ (her / house / is) ?

② 使える英語パターン　why ／ how

(1) 彼は、なぜ北海道が好きなのですか？
_____ (like / Hokkaido / does / he) ?

(2) どうして今日、学校に行かなかったのですか？
_____ (school / you / didn't / go to / today) ?

(3) 彼女はどうやってこんなにおいしいケーキを作ったのですか？
_____ (she / did / make / a delicious cake / such) ?

(4) 仕事にはどのようにして行きますか？
_____ (do / commute to / you / work) ?

(5) それはなぜですか？
_____ (that / is) ?

トレーニングメニュー２ 作文力を高める

ここに注意 疑問詞のあとの語順に注意！

いつ？ ／ どこ？
when ／ where

①
(1) Where did you have dinner?
(2) Where is your wife working?
(3) When did you go to the dentist?
(4) When is a good time for him?
(5) Where is her house?

解説 「いつ？」と「時」を聞くときは when、「どこ？」と「場所」を聞くときには where を使います。

when ①(4)は「いつが〜？」となり When が主語です。したがって、語順は「When＋動詞」になります。②(3)は「いつに」と聞いています。この場合「When＋be動詞/助動詞＋主語」となります。

where ①(5)は Where が主語なので、「Where＋動詞」になります。②(1)は you が、(2)は your wife が主語なので、「Where＋be動詞/助動詞＋主語」となります。

なぜ？ ／ どうやって？
why ／ how

②
(1) Why does he like Hokkaido?
(2) Why didn't you go to school today?
(3) How did she make such a delicious cake?
(4) How do you commute to work?
(5) Why is that?

解説 「なぜ？」と「理由」を聞くときは why、「どうやって？」と「方法」を聞くときは how を使います。

(1)(2)(3)(4)は疑問詞が主語ではないので、語順は「**疑問詞＋be動詞/助動詞＋主語**」になっています。(5)は Why が主語なので「**Why＋動詞**」となります。なお、(5)のような that は、何か具体的なもの（あれ、それ）を指すのではなく、前に話されたことや、前の文の内容を指します。

how には、「どうやって」以外にも色々な意味・用法があります。

HOP 2-6 簡単な文を声に出して言ってみよう！

制限時間 1問30秒

「使える英語パターン」を使って、（ ）内に挙げた英語を並べ替え、日本語を英語に直し、それぞれ1問30秒以内で声に出して言ってみよう。

① 使える英語パターン　How many

(1) 休暇は何日間ですか？
_____ (is / vacation / days / your)？

(2) 何人ハイキングに行きますか？
_____ (go / will / hiking / people)？

(3) 地震で何件の家が被害を受けましたか？
_____ (were damaged / houses / in the earthquake)？

(4) その携帯電話を何年使用しましたか？
_____ (did / years / you / cell phone / use / that)？

(5) 先週、英単語をいくつ覚えましたか？
_____ (learn / last week / you / did / English words)？

② 使える英語パターン　How much

(1) タイ旅行をするにはいくらかかりますか？
_____ (does / to go on / it cost / a trip / to Thailand)？

(2) 空港でどれだけ時間を費やしましたか？
_____ (did / time / you / at the airport / spend)？

(3) 電話代はいくらですか？
_____ (the / is / telephone bill)？

(4) そのCDはいくらでしたか？
_____ (CD / that / was)？

(5) タイヤにどれだけ空気が残っていますか？
_____ (left / air / is / in / the tire)？

トレーニングメニュー2　作文力を高める

ここに注意

① **How many のあとに名詞が来る！**
② **「いくら？」は How much のあとに名詞が来ない！**

どのくらいの数?
How many

①
(1) How many days is your vacation?
(2) How many people will go hiking?
(3) How many houses were damaged in the earthquake?
(4) How many years did you use that cell phone?
(5) How many English words did you learn last week?

解説　How many は数えられる物の数を聞くときに使う疑問形です。

　How many のあとには数を聞きたいものの名詞が来ます。①(1)(2)(3)のように How manyが主語になるときは「How many＋動詞」の語順となり、②(4)(5)のように主語でない場合は「How many＋助動詞/be動詞＋動詞」の語順になります。

どのくらいの量?
How much

②
(1) How much does it cost to go on a trip to Thailand?
(2) How much time did you spend at the airport?
(3) How much is the telephone bill?
(4) How much was that CD?
(5) How much air is left in the tire?

解説　How muchは数えられないものの量・金額を聞くときに使う疑問形です。

　数えられないものとしては、**お金**、**時間**、**重量**、**液体**、**空気**などがあります。「いくら？」と金額を聞く場合は How muchのあとに名詞はつけないのが普通です。**How much**だけで「**いくら？**」という意味があるからです。ただし「どのくらいの金額」かを明示するときには、How much money do I have to bring?「お金はいくら持っていけばいいの？」のように言うこともあります。「どのくらいの時間」かを聞く場合は、How longが普通ですが、How much timeと聞くこともあります。

HOP 2-7

chapter 2

簡単な文を声に出して言ってみよう！

制限時間 1問30秒

「使える英語パターン」を使って、（　）内に挙げた英語を並べ替え、日本語を英語に直し、それぞれ1問30秒以内で声に出して言ってみよう。

① 使える英語パターン　don't/doesn't ／ didn't

(1) 私はお肉を食べません。
＿＿＿＿＿＿＿＿＿＿＿＿＿＿＿＿＿＿＿＿＿＿＿ (meat / eat).

(2) 今日、雨は降りませんでした。
＿＿＿＿＿＿＿＿＿＿＿＿＿＿＿＿＿＿＿＿＿＿＿ (today / rain).

(3) 私は今朝、テレビで天気予報を見ませんでした。
＿＿＿＿＿ (on TV / the weather report / watch / morning / this).

(4) 父はまったく料理をしません。
＿＿＿＿＿＿＿＿＿＿＿＿＿＿＿＿＿＿＿＿＿＿＿ (at/ cook / all).

(5) 姉は昨日、学校に行きませんでした。
＿＿＿＿＿＿＿＿＿＿＿＿＿＿＿ (school / to / go / yesterday).

② 使える英語パターン　Do/Does ～ ? ／ Did ～ ?

(1) あなたはギターの弾き方を知っていますか？
＿＿＿＿＿＿＿＿＿＿＿＿＿ (how to / the guitar / know / play)?

(2) 彼らは郊外に住んでいましたか？
＿＿＿＿＿＿＿＿＿＿＿＿＿＿＿ (the suburbs / live / in)?

(3) 彼女は毎日駅まで歩きますか？
＿＿＿＿＿＿＿＿＿＿＿ (to / walk / the station / day / every)?

(4) あなたは上司にメールを送りましたか？
＿＿＿＿＿＿＿＿＿＿ (your / to / an email / boss / send)?

(5) 彼は夏にスペインに行きましたか？
＿＿＿＿＿＿＿＿＿＿＿＿ (the summer / in / Spain / to / go)?

ここに注意 3人称単数現在形のときは does や doesn't になる！

① 一般動詞の否定文
don't/doesn't（現在形） ／ didn't（過去形）

(1) I don't eat meat.
(2) It didn't rain today.
(3) I didn't watch the weather report on TV this morning.
(4) My father doesn't cook at all.
(5) My sister didn't go to school yesterday.

解説 be動詞以外の動詞を含む文の否定文は、「do/does/did not＋動詞の原形」という形になります。

　一般動詞を含む文を**否定文**にするときは do/does/did not を動詞の前に置きます。**語順**は「主語＋do/does/did not＋動詞の原形」となります。短縮形は do not→don't、does not→doesn't、did not→didn't となります。

② 一般動詞の疑問文
Do/Does ～？（現在形） ／ Did ～？（過去形）

(1) Do you know how to play the guitar?
(2) Did they live in the suburbs?
(3) Does she walk to the station every day?
(4) Did you send an email to your boss?
(5) Did he go to Spain in the summer?

解説 一般動詞の疑問文は「Do/Does/Did＋主語＋動詞の原形」という形になります。

　一般動詞とは eat「食べる」や read「読む」などのような、be動詞、完了形で使う have、疑問文や否定文で使う do 以外の動詞を言います。そのような動詞を含む文を**疑問文**にするときに Do/Does/Did を主語の前に置きます。また、このとき**主語のあとの動詞は必ず原形**にします。Did they lived in the suburbs? とか Did you sent an email to your boss? のように、助動詞 did と過去形 lived や sent を一緒に使ってはいけません。

HOP 2-8

chapter 2

簡単な文を声に出して言ってみよう！

制限時間 1問30秒

「使える英語パターン」を使って、（ ）内に挙げた英語を並べ替え、日本語を英語に直し、それぞれ1問30秒以内で声に出して言ってみよう。

① 使える英語パターン　can/can't ／ could/couldn't

(1) 私は英語を話せます。
＿＿＿＿＿＿＿＿＿＿＿＿＿＿＿＿＿＿＿＿＿＿＿＿＿ (English / speak).

(2) 彼女は車の運転ができません。
＿＿＿＿＿＿＿＿＿＿＿＿＿＿＿＿＿＿＿＿＿＿＿＿＿ (car / drive / a).

(3) その建物に入ることはできません。
＿＿＿＿＿＿＿＿＿＿＿＿＿＿＿＿＿＿＿ (building / enter / that).

(4) 彼はとうとう、その問題を解決することができました。
＿＿＿＿＿＿＿＿＿＿＿＿＿＿＿ (the / solve / problem / finally).

(5) 彼女は電卓を見つけられませんでした。
＿＿＿＿＿＿＿＿＿＿＿＿＿＿＿＿＿＿＿ (calculator / find / the).

② 使える英語パターン　Can ～ ? ／ Could ～ ?

(1) ここに座ってもいいですか？
＿＿＿＿＿＿＿＿＿＿＿＿＿＿＿＿＿＿＿＿＿＿＿＿＿ (here / sit)?

(2) この箱を運ぶのを手伝ってくれますか？
＿＿＿＿＿＿＿＿＿＿＿＿＿＿＿ (box / me / help / carry / this)?

(3) あなたの返事を明日までに送っていただけますか？
＿＿＿＿＿＿＿＿＿ (tomorrow / by / send / your / answer / me)?

(4) あといくつか質問してもよろしいでしょうか？
＿＿＿＿＿＿＿＿＿＿＿ (a / you / questions / few / more / ask)?

(5) 彼は野球の試合に勝てましたか？
＿＿＿＿＿＿＿＿＿＿＿＿＿＿＿ (baseball / the / win / game)?

トレーニングメニュー2　作文力を高める

ここに注意
① 一般の人々を指す場合、主語は you を使う！
② Could 〜？は過去形だが意味は過去ではないこともある！

①
〜することができる /できない　　　／　できた /できなかった
can/can't　　　　　　　　　　　　／　could/couldn't

(1) I can speak English.
(2) She can't drive a car.
(3) You can't enter that building.
(4) He could finally solve the problem.
(5) She couldn't find the calculator.

解説　canは「〜することができる」という意味の助動詞です。

　助動詞で注意する点は、①助動詞の後ろに動詞の原形が来る、②助動詞自体には3人称単数現在形の -sはつかない、③否定形はすぐあとに notをつける、④2つの助動詞を続けることはできない、ということです。否定形の短縮形は cannot→can't、could not→couldn'tとなります。can notではなく cannotとなることに注意しましょう。

②
〜できますか？/〜してくれますか？　／　〜できましたか？/〜していただけますか？
Can 〜？　　　　　　　　　　　　／　Could 〜？

(1) Can I sit here?
(2) Can you help me carry this box?
(3) Could you send me your answer by tomorrow?
(4) Could I ask you a few more questions?
(5) Could he win the baseball game?

解説　can/couldの疑問文の語順は「Can/Could＋主語＋動詞の原形」になります。

　助動詞の疑問文は、すべてこの語順になります。Could 〜？は (5)のように「勝てましたか？」と過去の意味を表す以外に、Could you 〜 ?「〜していただけますか？」／ Could I 〜 ?「〜してもよろしいでしょうか？」のように Can you 〜 ?「〜してくれる？」／ Can I 〜 ?「〜してもいい？」の言い方を丁寧に言うときにも使われます。

chapter 2

HOP 2-9

制限時間 1問30秒

簡単な文を声に出して言ってみよう！

「使える英語パターン」を使って、（　）内に挙げた英語を並べ替え、日本語を英語に直し、それぞれ1問30秒以内で声に出して言ってみよう。

① 使える英語パターン　have to

(1) 私たちは明朝、顧客に電話をしなければなりません。
_____ (call / customers / tomorrow morning / our).

(2) 私は飛行場にあなたを車で迎えに行かなければなりませんか？
_____ (up / pick / you / the airport / at) ?

(3) 彼らは仕事で北京に行かなければなりません。
_____ (on business / Beijing / to / go).

(4) 彼女は仕事を辞めなければなりませんか？
_____ (job / her / quit) ?

(5) あなたはそんなに一生懸命に働く必要はありません。
_____ (so / work / hard).

② 使える英語パターン　should

(1) 私はそろそろ帰るべきです。
_____ (home / now / go).

(2) あなたはもっと勉強するべきです。
_____ (harder / study).

(3) パーティーに何か食べ物を持って行ったほうがいいですか？
_____ (to / the party / bring / some food) ?

(4) 彼らは電車では大声で話すべきではありません。
_____ (the train / on / loudly / talk).

(5) 彼は子どもたちと遊ぶべきです。
_____ (his children / with / play).

トレーニングメニュー2　作文力を高める

ここに注意

① **have to は否定形では「しなくてもよい」という意味になる！**
② **should は否定形では「すべきではない」という意味になる！**

～しなければならない
have to

①
(1) We have to call our customers tomorrow morning.
(2) Do I have to pick you up at the airport?
(3) They have to go to Beijing on business.
(4) Does she have to quit her job?
(5) You don't have to work so hard.

解説　have toは「～しなければならない」という意味で、義務や必要を表します。

　have toは mustにも置き換えられます。これらの言葉の背景には責任や必要性が伴っており、多くの場合、自分の意志とは関係なく物事を進めたりこなしたりする場合に使われます。
　また、have toは [ハヴトゥ] ではなく [ハフトゥ] と発音します。
　(2) pick you upは「車であなたを迎えに行く」という意味です。

～すべきである
should

②
(1) I should go home now.
(2) You should study harder.
(3) Should I bring some food to the party?
(4) They shouldn't talk loudly on the train.
(5) He should play with his children.

解説　shouldは「～すべきである」という意味で義務を、「～したほうがいい」という意味で忠告を表します。

　shouldもまた、人にアドバイスを与えたりする場合に使いますが have toほど強い意味合いはありません。日本語にすると「～すべきである」となりますが、実際は「～したほうがよい」というくらいの意味で使われ、**強制するような強い意味はありません。**

HOP 2-10

chapter 2 簡単な文を声に出して言ってみよう！

制限時間 1問30秒

「使える英語パターン」を使って、（　）内に挙げた英語を並べ替え、日本語を英語に直し、それぞれ1問30秒以内で声に出して言ってみよう。

① 使える英語パターン　think of ＋ -ing

(1) 私は（今度の）土曜日にテニスをしようと考えています。
_____ (tennis / playing / on Saturday).

(2) 彼らは休暇にハワイへ行こうと考えています。
_____ (on vacation / to / Hawaii / going).

(3) 彼女は韓国語を勉強しようと考えています。
_____ (Korean / studying).

(4) あなたはスポーツクラブに加入しようと考えていますか？
_____ (sports club / joining / a) ?

(5) 私はもっと大きな家に引っ越そうと考えています。
_____ (moving to / larger / a / house).

② 使える英語パターン　plan ＋ to 不定詞

(1) 私のいとこは来年、結婚する予定です。
_____ (married / get / next year).

(2) 私たちは（今度の）日曜日にイタリアンレストランで食事をする予定です。
_____ (an Italian restaurant / have / on Sunday / in / dinner).

(3) 私の妻はこの夏、友人たちと旅行をする予定です。
_____ (with / her friends / travel / this summer).

(4) あなたは今日は何時に帰宅する予定ですか？
What time _____ (home / today / go) ?

(5) 彼らは今年の冬にスキーに行く予定です。
_____ (this winter / skiing / go).

トレーニングメニュー2　作文力を高める

ここに注意
① think of のあとは動詞の ing 形！
② plan のあとは to 不定詞！

① ～しようと考える
think of ＋ -ing

(1) I'm thinking of playing tennis on Saturday.
(2) They are thinking of going to Hawaii on vacation.
(3) She is thinking of studying Korean.
(4) Are you thinking of joining a sports club?
(5) I'm thinking of moving to a larger house.

解説　think of ＋ -ingで「～しようと考える」という意味の表現です。

　この表現はすでに、頭の中に考えがあるもののまだ実際に行動を起こしていないときに使います。be thinking of ～のような現在進行形は今現在、頭の中で「考えている」という動作を表します。I think of ～は「～について思っている」という意味になります。これはI think of you as a kind person.「私はあなたのことをやさしい人だと思っている」のように状態を表しているため、この意味では普通は現在進行形にはしません。

② ～するつもりである
plan ＋ to 不定詞

(1) My cousin is planning to get married next year.
(2) We are planning to have dinner in an Italian restaurant on Sunday.
(3) My wife is planning to travel with her friends this summer.
(4) What time are you planning to go home today?
(5) They are planning to go skiing this winter.

解説　plan＋to不定詞「～するつもりである」という意味の表現です。

　この表現は将来のことについて言及するときに使います。そして planのあとは to不定詞が来ます。また、「plan on＋-ing」でも「～するつもりである」という意味になります。I'm planning on studying abroad.「私は留学するつもりです」

STEP 2-11

chapter 2 簡単な文を声に出して言ってみよう！

制限時間 1問30秒

「使える英語パターン」を使って、（　）内に挙げた英語を並べ替え、日本語を英語に直し、それぞれ1問30秒以内で声に出して言ってみよう。

① 使える英語パターン　want ＋ to 不定詞

(1) 私は英語をうまく話したいです。
_____ (well / speak / English).

(2) 私はピアノを習いたいです。
_____ (the piano / learn / to play).

(3) 私の友達は海外へ行きたがっています。
_____ (abroad / travel).

(4) 私たちは今日は残業をしたくありません。
_____ (overtime / work / today).

(5) 今夜、一緒に映画を見に行きませんか？
_____ (the movies / to / go / tonight)?

② 使える英語パターン　would like ／ Would you like ～ ?

(1) デザートは何がよろしいですか？
_____ (dessert / for)?

(2) チェンさんにお会いしたいのですが。
_____ (Mr. Chen / to see).

(3) コーヒーをもう一杯いかがですか？
_____ (coffee / of / cup / another)?

(4) 海辺のコースでゴルフをなさりたいですか？
_____ (on the seaside / to play / golf course / golf)?

(5) この書類をチェックしていただきたいのですが。
_____ (this / document / to check / you).

トレーニングメニュー2　作文力を高める

ここに注意
① 3人称単数現在形は wants になる！
② would like のあとは名詞か to 不定詞が来る！

①

〜したい
want + to 不定詞

(1) I want to speak English well.
(2) I want to learn to play the piano.
(3) My friend wants to travel abroad.
(4) We don't want to work overtime today.
(5) Do you want to go to the movies tonight?

解説　want ＋to不定詞は「〜したい」という願望を表す表現です。

　want＋to不定詞は将来の夢であったり、実現可能なことであったりと、**様々な願望を表現するときに使います**。例えば I want to go to Europe someday.「いつかヨーロッパに行きたい」は、まだ具体的なプランがなく、なんとなくというニュアンスですが、I want to call my friend tonight.「今夜、友達に電話をかけたい」は、より具体的に電話をかける意図が見えます。want toを疑問文にした **Do you want to不定詞〜？**は、「〜したいですか？」ということを聞いているのではなく、「〜しませんか？」という勧誘の意味で使われる表現です。

②

〜をいただきたい / 〜をさせていただきたい／ would like 〜
〜はいかがでしょうか？ / 〜をなさりたいですか？／ Would you like 〜?

(1) What would you like for dessert?
(2) I'd like to see Mr. Chen.
(3) Would you like another cup of coffee?
(4) Would you like to play golf on the seaside golf course?
(5) I'd like you to check this document.

解説　wantという動詞を丁寧にしたものが would like です。

　使い方は wantと同様で後ろに名詞が来れば want「〜をほしい」→**would like「〜をいただきたい」**になります。want ＋to不定詞「〜がしたい」のように to不定詞が来れば→**would like＋to不定詞「〜をさせていただきたい」**となります。また、**他人に何かをしてほしいときは**「**I'd like＋人＋to不定詞**」となります。I'dはI wouldの短縮形です。

STEP 2-12

chapter 2

簡単な文を声に出して言ってみよう！

制限時間 1問30秒

「使える英語パターン」を使って、（ ）内に挙げた英語を並べ替え、日本語を英語に直し、それぞれ1問30秒以内で声に出して言ってみよう。

① 使える英語パターン　It takes/took ／ It costs/cost

(1) 家に着くのに1時間くらいかかります。
　_____ (an hour / about / home / to get).

(2) このプロジェクトを成功させるには多くの作業を要しました。
　_____ (this project / a lot of / work / to make / succeed).

(3) 車を修理するのに10万円かかりました。
　_____ (to repair / my car / 100,000 yen).

(4) スイスを旅行するには多くのお金がかかります。
　_____ (to travel / in Switzerland / a lot).

(5) このインスタントラーメンを調理するには3分しかかかりません。
　_____ (to cook / three minutes / these instant noodles / only).

② 使える英語パターン　need ＋ to 不定詞

(1) お昼前にこのメールを書き終えなければなりません。
　_____ (finish / before / this email / lunch).

(2) 家を買うために、彼はお金を貯めなければいけません。
　_____ (to buy / money / save / a house).

(3) 私は、このDVDを店に返却しなければいけません。
　_____ (these DVDs / return / to the shop).

(4) あなたは今日、早く帰らなければいけませんか？
　_____ (early / go / today / home)?

(5) 姉は犬の散歩をしなければいけません。
　_____ (the dog / for a walk / take).

トレーニングメニュー2　作文力を高める

ここに注意
① cost の意味は「お金がかかる」以外は「犠牲や代償を払う」
②「〜する必要がある」の need は後ろに to 不定詞を伴う！

①

（お金・時間・労力）がかかる ／ （お金）がかかる、（犠牲・代償）を払う
It takes/took ／ It costs/cost

(1) It takes about an hour to get home.
(2) It took a lot of work to make this project succeed.
(3) It cost 100,000 yen to repair my car.
(4) It costs a lot to travel in Switzerland.
(5) It takes only three minutes to cook these instant noodles.

解説　「〜がかかる/かかった」は It takes/took や It costs/cost を使います。

　takeは「時間、労力」などがかかった場合に使います。金額がかかる場合は、takeではなくcostを使います。costは「お金」がかかったときのほかに、「犠牲や代償」を払ったときにも使います。時間には使えません。takeの過去形はtookで、costの過去形はcostです。
　また、(3) 100,000 yenは「one hundred thousand yen」と読みます。

②

〜する必要がある
need ＋ to 不定詞

(1) I need to finish this email before lunch.
(2) He needs to save money to buy a house.
(3) I need to return these DVDs to the shop.
(4) Do you need to go home early today?
(5) My sister needs to take the dog for a walk.

解説　「〜する必要がある」は need＋to不定詞を使って表します。

　need toは have to や mustに置き換えることができます。また、「〜する必要がある」という意味で使うときは必ず「need＋to不定詞」となります。I need finishing this email.とは言いません。
　また、「メールを書き終える」や「食事を食べ終える」と言うときは finish an emailや finish a mealのように言うのが普通で、finish writing an emailとか finish eating a mealのように言う必要はありません。

STEP 2-13

chapter 2 簡単な文を声に出して言ってみよう！

制限時間 1問30秒

「使える英語パターン」を使って、（ ）内に挙げた英語を並べ替え、日本語を英語に直し、それぞれ1問30秒以内で声に出して言ってみよう。

① 使える英語パターン　tell ＋ 人 ＋ to 不定詞

（1）息子に一生懸命勉強するように言いました。
I ＿＿＿＿＿＿＿＿＿＿＿＿＿＿＿＿＿＿＿＿＿＿＿ (hard / to study).

（2）先生が生徒にクラブに参加するように言いました。
The teacher ＿＿＿＿＿＿＿＿＿＿＿＿＿＿＿＿＿ (club / a / to join).

（3）医者が私に禁煙するように言いました。
The doctor ＿＿＿＿＿＿＿＿＿＿＿＿＿＿＿＿＿ (smoking / to quit).

（4）妻が娘に車を使わないようにと言いました。
My wife ＿＿＿＿＿＿＿＿＿＿＿＿＿＿＿＿＿ (to use / the car / not).

（5）祖母が私に今週の日曜日に訪ねるように言いました。
My grandmother ＿＿＿＿＿＿＿＿＿＿＿ (this Sunday / to visit / her).

② 使える英語パターン　ask ＋ 人 ＋ to 不定詞

（1）私は友達に私にメールを送ってくれるように頼みました。
I ＿＿＿＿＿＿＿＿＿＿＿＿＿＿＿＿＿＿＿＿＿＿＿ (an email / to send / me).

（2）上司が私にゴルフを一緒にするように頼みました。
My boss ＿＿＿＿＿＿＿＿＿＿＿＿＿＿＿＿＿ (golf / to play / him / with).

（3）娘が私にコンピューターを買うように頼みました。
My daughter ＿＿＿＿＿＿＿＿＿＿＿＿ (a computer / to buy / her / for).

（4）息子が一緒にサッカーをするように頼みました。
My son ＿＿＿＿＿＿＿＿＿＿＿＿＿＿＿＿＿ (him / with / soccer / to play).

（5）両親は私に故郷を離れないように頼みました。
My parents ＿＿＿＿＿＿＿＿＿＿＿＿ (to leave / not / hometown / my).

トレーニングメニュー2　作文力を高める

ここに注意

① 「〜しないよう言う」は to 不定詞の前に not を入れる！
② 「〜しないよう頼む」は to 不定詞の前に not を入れる！

① 人に〜するように言う
tell ＋ 人 ＋ to 不定詞

(1) I told my son to study hard.
(2) The teacher told the students to join a club.
(3) The doctor told me to quit smoking.
(4) My wife told my daughter not to use the car.
(5) My grandmother told me to visit her this Sunday.

解説 「tell＋人＋to 不定詞」は人に何かをするよう求める表現です。

　「tell＋人＋to 不定詞」は、命令文を間接的に言う場合に使われます。I said to my son, "Get the newspaper."「私は、息子に言った。『新聞を取ってきてくれ』」のような命令文を間接的に「AがBに〜するように言った」と言うときに使います。誰かに何かをさせる場合、**相手に選択の余地を与えない**ことになります。

② 人に〜するよう頼む
ask ＋ 人 ＋ to 不定詞

(1) I asked my friend to send me an email.
(2) My boss asked me to play golf with him.
(3) My daughter asked me to buy a computer for her.
(4) My son asked me to play soccer with him.
(5) My parents asked me not to leave my hometown.

解説 「ask＋人＋to不定詞」は人に依頼をする表現です。

　ここで使用されている ask は「質問する」という意味ではありません。「(誰かに何かをしてもらうことを) **頼む、依頼する**」という意味です。He said to me, "Pass me the salt, please."「彼は私に言った、『塩を取ってください』」のように丁寧な形での命令文を間接的に「AがBに〜するよう頼んだ」と言うときや Could you 〜 ? などの丁寧な依頼を間接的に言う場合に ask を使います。誰かが何かを頼む場合は**頼まれたほうは拒否する選択肢があります**。

STEP 2-14

chapter 2
簡単な文を声に出して言ってみよう！

制限時間 1問30秒

「使える英語パターン」を使って、（　）内に挙げた英語を並べ替え、日本語を英語に直し、それぞれ1問30秒以内で声に出して言ってみよう。

①

使える英語パターン　It is + 形容詞 (lucky, great, fun, strange, hard, sad)

(1) あなたが試験に合格したのはすばらしいことです。
　_____ (you / the exam / passed).

(2) アジアの国々を旅するのは楽しいです。
　_____ (to travel / Asian countries / to).

(3) 犬が死んでとても悲しかったです。
　_____ (dog / my / died / that).

(4) 私があの車を買ったのがおかしいですか？
　_____ (that car / that / bought / I)?

(5) 彼らのチームが試合に勝ったなんて、運がいいんじゃないですか？
　_____ (their / that / won / team / the game)?

②

使える英語パターン　I am + 形容詞 (lucky, happy, glad, sure, sad, sorry)

(1) あなたが私の誕生日を覚えていてくれてうれしいです。
　_____ (my birthday / remembered / that / you).

(2) 私は彼がテストに受かることを確信しています。
　_____ (will pass / he / the test).

(3) その事故のことを聞いて気の毒に思います。
　_____ (about / to hear / accident / the).

(4) 私は、友達が九州に引っ越してしまうのが悲しいです。
　_____ (to Kyushu / friend / is moving / that / my).

(5) あなたが私たちを訪ねてくれるのがうれしいです。
　_____ (visit / us / will / you).

トレーニングメニュー2 作文力を高める

ここに注意 **that 節の that は省略できる！**

~は…です　It is + 形容詞 + 不定詞句（to不定詞で始まる句）
~ということは…です　It is + 形容詞 + that節

①
(1) It's great (that) you passed the exam.
(2) It's fun to travel to Asian countries.
(3) It was sad that my dog died.
(4) Is it strange that I bought that car?
(5) Isn't it lucky that their team won the game?

解説　「~は…です」「~ということは…です」は、主語を it にして表現します。

　I am happy. / I am sad.のような言い方は、話し手の感情を表すときに使う言い方です。一方、「**ある行為や事実がその人にとって…だ**」という話し手の判断を表す場合は「**It is＋形容詞＋that節[to不定詞句]**」という形を使います。したがって、It is dangerous [safe] for you to say ~とは言えても、You are dangerous [safe] to say ~とは言えません。
　また、It was sad that my dog died.では、「私の犬が死んだということ」＝Itです。この文は sadが感情を表す形容詞なので、Iを主語にして I am sad that my dog died.とも言えます。この場合の thatは「~について、~なので」という意味を表します。

私は~して…です　I am + 形容詞 + 不定詞句
私は~ということが…です　I am + 形容詞 + that節

②
(1) I'm happy [glad] that you remembered my birthday.
(2) I'm sure (that) he will pass the test.
(3) I'm sorry to hear about the accident.
(4) I'm sad that my friend is moving to Kyushu.
(5) We are glad [happy] (that) you will visit us.

解説　「私は~して…です」や「私は~ということが…です」は、感情を表す形容詞のあとに to不定詞句や that節を続けて表現します。

　これは that以下に生じた／生じる出来事や内容について自分の感情を表すときに使う表現です。

STEP 2-15

簡単な文を声に出して言ってみよう！

制限時間 1問30秒

「使える英語パターン」を使って、（　）内に挙げた英語を並べ替え、日本語を英語に直し、それぞれ1問30秒以内で声に出して言ってみよう。

① 使える英語パターン　have ／ haven't

(1) 私は以前、アフリカ料理を食べたことがあります。
　_____ (food / eaten / African / before).

(2) 彼女は海外へ行ったことがありません。
　_____ (been / never / foreign / to / a / country).

(3) 東京は今まで訪れた中で、最も混んでいる町です。
(city / crowded / the most / Tokyo / is) _____ ever visited.

(4) 私は今までに一度もスキーをしたことがありません。
　_____ (skied / never / before).

(5) 友達はパリでオペラを3回見たことがあります。
　_____ (times / three / seen / in / the opera / Paris).

② 使える英語パターン　Have 〜 ?

(1) 彼女は今までに中国へ行ったことがありますか？
　_____ (to / been / ever / China) ?

(2) 今までに日本の漫画を読んだことがありますか？
　_____ (comic book / a / Japanese / read / ever) ?

(3) 彼は今までに出張でニューヨークへ行ったことがありますか？
　_____ (on business / ever / to / New York / been) ?

(4) あなたのお母さんは、今までにメキシコ料理を食べたことがありますか？
　_____ (Mexican food / eaten / ever) ?

(5) 彼らは、学校で会ったことがありますか？
　_____ (before / met / at / school) ?

ここに注意 ① 「～したことがない」は、have never ＋ 過去分詞で表す！
② ever は「今までに」という意味で、肯定文では使われない！

①
～したことがある　have ＋ 過去分詞
（これまでに）～したことがない　haven't [have not] ＋ 過去分詞

(1) I have eaten African food before.
(2) She has never been to a foreign country.
(3) Tokyo is the most crowded city I have ever visited.
(4) I have never skied before.
(5) My friend has seen the opera three times in Paris.

解説　「～したことがある」は have＋過去分詞という形で表します。「～したことがない」は haven't [have not]＋過去分詞という形で表します。

　「have＋過去分詞」の形を完了形と呼び、いくつか異なる用法がありますが、本書ではこのうち必ず完了形で表現する「～したことがある」だけを紹介します。「行ったことがある」は、I have been to England once before.「以前に一度イギリスに行ったことがある」のように have been を使います。have gone は使いません。have gone は「行ってしまったのが現在まで続いている（今ここにいない）」という別の意味を表すからです。

②
～したことがありますか？
Have ～？

(1) Has she ever been to China?
(2) Have you ever read a Japanese comic book?
(3) Has he ever been to New York on business?
(4) Has your mother ever eaten Mexican food?
(5) Have they met at school before?

解説　Have＋主語＋過去分詞？は「これまでに～したことがありますか？」という意味を表す現在完了の疑問形です。

　この質問を受けたときの答えは、通常は Yes I have.「はい、…したことがあります」または、No I haven't.「いいえ、…したことはありません」を使います。また、ever は否定文か疑問文で使う副詞なので、肯定文では使いません。

不定詞と表現力を飛躍的に高める魔法の言い回し

　さて表現パターンの基本であるシンプルな現在形、過去形、未来形、現在完了形と単語力にある程度自信がついてきたところで、次に試みたことは文法の基本で**不定詞という用法**がありますが、この用法について高校のときの教科書をおさらいすることでした。この用法を覚えると表現の幅が大きく広がったのです。特に、「…をするために～をした」「…をするために～へ行った」などの言い回しがとても楽になりました。例えば次のように。

　I went to that coffee shop to see a friend.
「友達に会うために、あのコーヒーショップに行きました」

　それから人と会話をする上でとても役立つフレーズは、want to, have to, ask＋人＋to不定詞（→Chapter 2-11,9,13）の3つでした。これらの3つを使い分けることで自分のやりたいことや、しなければならないこと、人にしてもらいたいことをきちんと相手に伝えることができます。言葉とは「自分の考えや思いを人にきちんと伝えること」で、これは日本語でも同じですね。

　これらの用法をある程度理解し始めると、次に覚えて便利なフレーズは I think / believe / suppose（→Chapter 4-30）でした。私はこれらを英語の**表現力を飛躍的に高める魔法の言い回し**だと名づけています。つまり I think / believe / suppose that ...「私は…だと思い[信じ/考え]ます」の言い方です。thatを使って「あることがら」を「～ということ」という形にして、それについて「自分が～だと思う[信じる/考える]」と意見を言えるようになったのです。この時点で英語の基本的構文が理解できるようになりました。

　日常会話では I think thatと言ってから、しばらく考えてからhe is going to work late.と言ってもまったく不自然ではないわけです。日本語の、「あいつ遅くまで働く…と思うんだよね。」といった感覚です。この感覚はある日、知り合いと話をしているときに気がついて、このときを境に会話をしたり文章を作ったりすることがとても楽になったことを記憶しています。

　次に役立ったのがこれらの構文をもとに**感情を表す形容詞を活用する方法**でした。例えば、happy, glad, sad, angry（→Chapter 2-14）などです。I am [feel] happy that you passed the test!「あなたがテストに合格してうれしいよ！」といった感じです。これで自分の感情をかなり幅広く表すことができるようになりました。

　こうしてみると日常会話では、日本語でもそうですが込み入った構文や表現は多く使っていません。シンプルな構文と、2000語程度の単語力で十分会話は成り立つわけです。

長友　信

chapter 3

トレーニングメニュー3
表現力を高める

!TRAINING POINT

- 同じことを違う言い方で表現する
- 日本語の直訳から離れる

（伝えるのは「word語＝language言葉」ではなく「idea考え＝heart気持ち」です）

自分の使える表現で様々なことを話せる力をつけます！　会話中「言葉につまってしまう」という状況を回避する技が身につきます！

chapter 3 トレーニング・マニュアル

●Chapter 3の問題形式

私はスポーツが大好きです。❶

① (a) I _____.

② (b) I am _____.

ヒント (a)「大好き」love ／ (b)「好きでたまらない」crazy about ❸

トレーニング方法

❶ 最初に問題の日本語を確認します。

❷ 次に (a)(b)それぞれの出だしの英語を見て、日本語の内容を表す英文を考え、声に出して言います。
　→制限時間はそれぞれ1問30秒。

❸ 英文を作る際に、ヒントにある語句を参考にすると簡単に英文が作れます。

　同じ内容のことを2通りの言い方で表現するトレーニングをすることで「言いたいことがら」の直訳の英語がすぐに思い浮かばないときに、自分で使いこなせる表現で相手にこちらの意思を伝えることができるようになります。言い換えれば、日本語の直訳にこだわりすぎず、ちょっと頭を切りかえて英語を作るトレーニングです。

トレーニングメニュー3　表現力を高める

❹
(a) I love sports.
「私はスポーツが大好きです」　**❺**

(b) I am crazy about sports.
「私はスポーツが好きでたまりません」　**❺**

❻ 解説　「私はスポーツが大好きです」は、英語構文の基本中の基本である、S（主語 I）＋V（動詞 love）＋O（目的語 sports）のパターンです。**love**は**like**より**「好き」**という気持ちが強いことを表しています。同じような意味合いで I'm crazy about sports. があります。この **be動詞＋crazy about**は慣用句で「好きでたまらない」つまり、**大好きだ**」という意味になります。

解説　解答と解説について

❹ (a)と(b)の英語と自分が作った英語を確認します。

❺ (a)と(b)の日本語訳を見て表現をどのように変えているかを確認します。

❻ 解説には「両方の文にどのような違いがあるのか」や、「どういう方法で言い換えが可能か」などが書かれてあるので、解説もよく読むようにしてください。

　同じことを「どのように違えて表現するか」のテクニックを覚えることで、英語を話すときの表現の幅はぐっと広がります。また、実際に英会話をしているときに、頭に浮かんだ日本語を直訳することにとらわれて言葉につまってしまう、という状況を回避するのに役立ちます。

トレーニング・マニュアル

Chapter 3の目的と効用

> **目的** トレーニングメニュー3では、「1つのことがらを複数の言い方で表現するトレーニング」をすることで、**英語の表現力を高めるトレーニング**を行います。

　日本人が英語にすぐにつかえてしまうのは、**日本語にこだわりすぎる**きらいがあるからではないでしょうか。

　同僚のオーストラリア人と喫茶店でおしゃべりしているとき、
「私は夜型だから、朝がとてもつらいんです」
とまあ、こんな日本語を思いついたとしましょう。皆さんならどんな英語にしますか？（実は、このような日本語こそ、最も英語に直しづらいのですが…）

　たいていの方は**「私は夜型だから」**から英語に直し始めます。**Since I am a night-type**とまあ、このような英語ができあがります。次に**「朝がとてもつらい」**にかかります。ところが「つらい」に相当する英語がなかなか出て来ない。hardとか difficultといった単語が浮かぶのですが、**Morning is very hard /difficult は英語としてヘン**だなあ。そこで、黙り込んでしまう。

　でも、待ってください。**この「つらい」は「起きられない」ということですよね？**　こう考えることができたら、**It is very hard for me to get up early in the morning.**と誰もがよく知っている表現がすんなり出てきます。

　ここで大切なのは、earlyを落とさないことです。これを落とすと、「朝起きるのがとても大変」となり、こう聞いたほうは「それじゃあこの人は1日中寝ているのかな。ああ、そうか。この人は睡眠にかかわる病気をしていると言いたいのだな」と思ってしまいます。

　こうして話がかみ合わなくなります。（ついでに言うと、「私は夜型だから」はSince I am an evening person 〜のように言うことができます。「夜型人間」といった語感です。）

　日本語を英語にするときは1つの言葉にこだわらないようにすることがとても大切です。

　英語で伝えようとしているのは「word語＝language言葉」ではなく、「**idea考え＝heart気持ち**」だからです。

トレーニングメニュー3　表現力を高める

　もう1つ、日本語を英語に直すときに気をつけることは、英語では、いつも、**次の5つを気に留めておく**ということです。
①誰が　②どうした　③何を　④どこで　⑤いつ
「どこで」と「いつ」の順番は、「どこで」が先、「いつ」が最後、と覚えておいてください。これを頭の片隅に置いておいて、次の日本文を英語に直してみましょう。

　　「昨日、息子とキャッチボールをしました」

　まず、主語を何にするかを真っ先に決めます。ここはIがいいですね。I played catch with my son yesterday.がすぐに思いつきますが、play catchが思い出せないと、この言い方は使えません。このようなときは別の言い方を考えます。「キャッチボール」にあたる英語が出て来なければ「野球」はどうでしょう。baseballです。これならすぐに思い浮かびます。

　I played baseball with my son yesterday. ですが、これでは事実だけを伝えていますので、なんともそっけない文になります。もう少し色を添えてみましょう。**I enjoyed playing baseball with my son yesterday.** とか **I had a very nice time playing baseball with my son.** とすると「楽しかった」という気持ちを表すことができます。ついでに at a parkを yesterdayの前につけるともっとわかりやすい英語になります。事実を伝える英語が作れるようになったら、その次は自分の気持ちを伝える英語にならないかと考えてみるといいでしょう。

英文の作り方

①まず主語を何にするかを決める

②次に動詞を決める。このとき現在・過去・未来・という「時制」に気をつける

③最初はやさしい言い回しで、語数の短い英文を作るようにする

効用

　1つのことがらを複数の言い方で表現するトレーニングは、直訳ではないけれども**自分で使いこなせる表現で、同じ内容のことを表現する力**をつけます。このトレーニングは、会話をスムーズに運び、頭に浮かんだ日本語を直訳することにとらわれて**言葉につまってしまう、という状況を回避**するのに役立ちます。

chapter 3

HOP 3-1

制限時間 1問30秒

言い方を変えて言ってみよう！

次の日本語を、言い方を変えて (a)(b) それぞれ30秒以内で声に出して言ってみよう。使う語句がヒントに書いてあります。

① 私はスポーツが大好きです。
- (a) I _____.
- (b) I am _____.

ヒント (a)「大好き」love ／ (b)「好きでたまらない」crazy about

② 私は箱根に車で行きました。
- (a) I _____.
- (b) I _____.

ヒント (a)「行く」go ／ (b)「車で〜に行く」drive to ＋場所

③ 昨日はいい天気でした。
- (a) It _____.
- (b) Yesterday _____.

ヒント (a)「いい天気」fine ／ (b)「晴れ」sunny

日本人がよくやる間違い英語 第10位
― 不要な語をつけてしまう間違い ―

「一緒にテニスをしようよ！」
- ✗ Let's play tennis **with me**!
- ○ Let's play tennis!

トレーニングメニュー3　表現力を高める

① (a) **I love sports.**
「私はスポーツが大好きです」
(b) **I am crazy about sports.**
「私はスポーツが好きでたまりません」

解説　「私はスポーツが大好きです」は、英語構文の基本中の基本である、S（主語 I）＋V（動詞 love）＋O（目的語 sports）のパターンです。**love**は**like**より「**好き**」**という気持ちが強い**ことを表しています。同じような意味合いで I'm crazy about sports. があります。この**be動詞＋crazy about**は慣用句で「好きでたまらない」つまり「**大好きだ**」という意味になります。

② (a) **I went to Hakone by car.**
「私は箱根に車で行きました」
(b) **I drove to Hakone.**
「私は車で箱根に行きました」

解説　「車で〜に行った」は、**動詞drive**を使うととても簡単に言えます。ただし、by car をつけずに言います。「箱根にロマンスカーで行った」なら、drive は使えません。I went to Hakone by Odakyu Romance Car. のように go を使います。**by carの箇所**は by a car や by my car などと**冠詞や所有格の代名詞をつけずに言います**。「バスで」なら **by bus**、「電車で」なら **by train** となります。

③ (a) **It was a fine day yesterday.**
「昨日はいい天気でした」
(b) **Yesterday was a sunny day.**
「昨日は晴れでした」

解説　天候を表す場合は、一般的に "it" から始めます。例えば、It is windy today.「今日はとても風が強い」とか It rained yesterday.「昨日、雨が降りました」のように言います。It was fine yesterday. はお天気の話の流れの中で言う場合は fine が「晴れ」の意味だとわかりますが、**この一文だけだと何が fine だったのかがあいまい**になってしまいます。

正しい "Let's 〜" の使い方

Let's は Let us の短縮形で「私（または、私たち）と**一緒に〜しようよ**」という意味です。すでに「私たち」という語が入っているので、**with me** とか **with us は言う必要がありません**。こうした**不要な語はつけない**という決まりですので、ついているとかえって奇異に聞こえますから、注意しましょう。

「今から一緒にカラオケに行こうよ！」　→Let's go to karaoke now.
「仕事の帰りに一杯やって行かないか」　→Let's have a drink after work.

HOP 3-2

chapter 3

⏱ 制限時間 1問30秒

言い方を変えて言ってみよう！

次の日本語を、言い方を変えて (a) (b) それぞれ30秒以内で声に出して言ってみよう。使う語句がヒントに書いてあります。

① 私の血液型は AB 型です。
(a) My _____ .
(b) I _____ .

ヒント (a)「血液型」blood type ／ (b)「を持っている」have

② 私はピアノを弾くことが好きです。
(a) I _____ .
(b) My _____ .

ヒント (a)「が好きである」like ／ (b)「趣味」hobby

③ もう一度言っていただけますか？
(a) I beg _____ ?
(b) Could you _____ ?

ヒント (a)「許し」pardon ／ (b)「を繰り返す」repeat

日本人がよくやる間違い英語 第 9 位
— 品詞と語形の間違い —

「私の英語がうまくなったと思いませんか？」
✗ Do you think my English is **improvement**?
○ Do you think my English is **improving**?

トレーニングメニュー 3　**表現力を高める**

①
(a) **My blood type is AB.**
「私の血液型は AB 型です」
(b) **I have type AB blood.**
「私は AB 型の血液型です」

解説　両方とも同じ意味ですが、**質問の内容、質問のされ方によって答えが異なる**例です。例えば、病院で What's your blood type?「あなたの血液型は何ですか？」と聞かれたら My blood type is AB. または I'm AB.「AB 型です」となるでしょう。＊米国では血液型の話は病院などに限られています。一般的に血液型と性格を関連づけて話す人はいません。

②
(a) **I like to play [playing] the piano.**
「私はピアノを弾くことが好きです」
(b) **My hobby is playing the piano.**
「私の趣味はピアノを弾くことです」

解説　「私はピアノを弾くことが好きです」は、like を使って表すのが普通ですが、like のあとを to play あるいは playing のように to 不定詞または動名詞にする必要があります。そうすることで**「～する」という動詞が「～すること」という名詞の形に変わります**。また「～することが好きです」を「趣味」と言い換えれば、(b) のような英文になります。

③
(a) **I beg your pardon?**
「もう一度言っていただけますか？」
(b) **Could you repeat that?**
「もう一度言っていただけますか？」

解説　(a) は直訳すると「私はあなたの許しを請います」ですが、**最後の音程を質問調に上げるように言うことで「もう一度言っていただけますか？」**という意味になります。(b) は Could you ～? と Can の過去形を使うことで、「～していただけますか？」という丁寧な表現になります。repeat は「～を繰り返す」という意味の他動詞なので、「～を」にあたる that「それ」を続けます。

正しい語形で話そう

品詞を間違えるとなぜだめなのでしょうか？　その答えは、**品詞が異なると意味が異なる**からです。そのため、語を間違えると、意味がこちらの考えているとおりに相手に伝わりません。気をつけなければならないのは、その言葉がマイナスのイメージを持っているときです。「**あなたは子どものような素直さをお持ちですね**」と言いたいときに、You have a childlike innocence. を言い間違えて You have a childish innocence. と言うと「君って子どもっぽいくらいに素直なんだね」と言ってしまったことになります。childish「子どもっぽい」は悪い意味で使う言葉です。

HOP 3-3

chapter 3

言い方を変えて言ってみよう！

次の日本語を、言い方を変えて (a)(b) それぞれ30秒以内で声に出して言ってみよう。使う語句がヒントに書いてあります。

制限時間 1問30秒

---

① 公園に犬が3匹います。
(a) There _____.
(b) I can _____.

ヒント (a)「3」three ／ (b)「見る」see

---

② 私はカナダに行きたいです。
(a) I _____.
(b) Canada _____.

ヒント (a)「〜したい」want to ＋動詞の原形 ／ (b)「場所」the place

---

③ 友達が、私が読みたかった本をくれました。
(a) My _____ I wanted to read.
(b) I _____ from my friend.

ヒント (a)「あげる」give ／ (b)「もらう」get

日本人がよくやる間違い英語 第8位
― 受動態の間違い ―

「私はできる人と言われました」
✗ **I was said** I am a capable person.
○ **People [They] say** I am a capable person.

トレーニングメニュー3　表現力を高める

①
(a) **There are three dogs in the park.**
「公園に犬が3匹います」
(b) **I can see three dogs in the park.**
「私は公園に3匹の犬が見えます」

解説　There is/areは「〜がいる、〜がある」という意味で何かの存在を表すときに使われます。存在するものが1つのときは動詞はisで、複数になるとareになります。

②
(a) **I want to go to Canada.**
「私はカナダに行きたいです」
(b) **Canada is the place (that) I want to go to.**
「カナダは私が行きたい場所です」

解説　(b)のI want to go toはthe placeがどういう場所であるかを説明しています。本来なら、placeとIの間にthatが入りますが、**このthatはしばしば省略**されます。このthatを使うことで、その前の名詞がどういうものかを詳しく説明することができるのです。ただし、the language that is hard to learn「学ぶのが難しい言語」のような場合はthatは省略できません。このthatはisの主語の働きをしており、**このようなthatを省略することはできない**のです。

③
(a) **My friend gave me the book (that) I wanted to read.**
「友達が、私が読みたかった本をくれました」
(b) **I got the book (that) I wanted to read from my friend.**
「私は友達から、読みたかった本をもらいました」

解説　(a)と(b)は同じことを言っていますが、**(a)は友達が主語**なのに対し、**(b)は私が主語**になっています。また、**動詞もgive「あげる」とget「もらう」と逆の意味**の動詞を使っています。このように違う動詞を使うことで別の言い方ができます。また、ここでも②で出て来たように**that以下がthe bookを説明**しています。thatを使うことで、(a)のMy friend gave me the book.とI wanted to read the book.という2つの文を1つにすることができます。

会話では受動態は避けたほうがよい

受動態の使い方がよく理解されていないことから来る誤りです。**受動態**は、I sent the package this morning.という文を、**動作をされる側を主語にして**、This package was sent this morning (by me).「この荷物ですが、今朝送られました」と言いたい場合に使われます。荷物は「送る」という動作を行うことができないので、「荷物は送られた」のように「送る」という**動作を受ける形にして**使うわけです。

HOP 3-4

chapter 3

言い方を変えて言ってみよう！

制限時間 1問30秒

次の日本語を、言い方を変えて（a）（b）それぞれ30秒以内で声に出して言ってみよう。使う語句がヒントに書いてあります。

---

① 私は新しい携帯電話を買おうと考えています。
(a) I'm _____.
(b) I'm _____.

ヒント (a)「考える」think of ／ (b)「〜を予定する」plan

---

② 私は今日、医者に行きます。
(a) I will _____.
(b) I _____.

ヒント (a)「〜に行く」go to 〜 ／ (b)「予約がある」have an appointment

---

③ 私の妻は郵便局でパートをしています。
(a) My wife _____.
(b) My wife _____.

ヒント (a)「働く」work ／ (b)「パートタイマー」a part-time worker

日本人がよくやる間違い英語 第7位
— How と What の間違い —

「この会社のことをどう思いますか？」
✗ **How** do you think of our company?
◯ **What** do you think of [about] our company?

トレーニングメニュー3 表現力を高める

①
(a) I'm thinking of buying a new cell phone.
「私は新しい携帯電話を買おうと考えています」
(b) I'm planning to buy a new cell phone.
「私は新しい携帯電話を買う予定です」

解説 「think of＋-ing」で「～しようと考える」という意味になります。「plan＋to不定詞」は「～する予定である」という意味です。ニュアンスとしては「plan＋to不定詞」のほうが実現する可能性が高くなります。will buy や be going to buyを使えば、実現する可能性はより高くなります。

②
(a) I will go to the doctor today.
「私は今日、医者に行きます」
(b) I have an appointment with the doctor today.
「私は今日、医者に予約があります」

解説 willは主語の強い意志を表しています。したがって、医者との約束があるか、あるいは行かなければならない理由があって**ほぼ確実に実行される**ことを意味しています。(b)のほうは**「予約がある」**と言っていることから、**「医者に行く」**のだと推察できます。

③
(a) My wife works part time at a post office.
「私の妻は郵便局でパートをしています」
(b) My wife is a part-time worker at a post office.
「私の妻は郵便局のパートタイマーです」

解説 両方とも同じ意味ですが、(a)の**動詞**workが(b)では**worker**という**名詞**に変わっていることに注意してください。このとき(a)のpart timeは「パートタイムで（働く）」と、**workを修飾する副詞**になり、(b)のpart-timeは「パートタイムの（事務員）」と、**workerを修飾する形容詞**となります。

How は「方法＝どのように」、What は「中身＝どんなこと」を聞く

Howは「やり方、方法」を尋ねる疑問詞です。一方Whatは「具体的な中身、内容」を尋ねる疑問詞です。ですから、How do [did] you know that?「どうやってそれがわかったの？」はHowを使い、What are you talking about?「あなたは何の話をしているの？」ではWhatを使います。「この会社のことをどう思いますか？」は**「どうやって考えるか」ではなく「どのように[何を]考えるか」**ですから、Howではなく、Whatを使って聞くのが正しい言い方になります。反対に、How do you like it?「それは気に入りましたか？」やHow do you feel about that?「それについてどう感じますか？」は「どういう風に」を表すので、WhatではなくHowを使います。

HOP 3-5

chapter 3

🕐 制限時間 1問30秒

言い方を変えて言ってみよう！

次の日本語を、言い方を変えて(a)(b)それぞれ30秒以内で声に出して言ってみよう。使う語句がヒントに書いてあります。

---

① この電車は混みすぎています。
(a) This train _____.
(b) There are _____.

ヒント (a)「混んでいる」crowded ／ (b)「多すぎる人々」too many people

---

② あのイタリア料理店で食べましょう。
(a) Let's go _____.
(b) Shall we _____?

ヒント (a)「食べる」eat ／ (b)「夕食をとる」have dinner

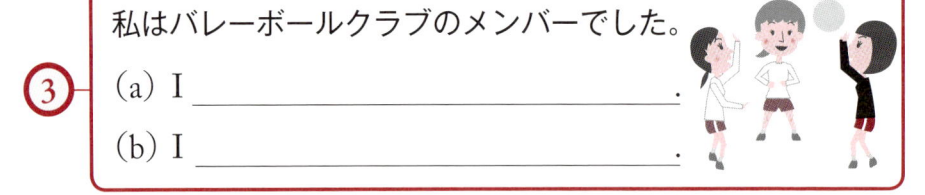

---

③ 私はバレーボールクラブのメンバーでした。
(a) I _____.
(b) I _____.

ヒント (a)「以前は〜であった」used to ＋動詞の原形／ (b)「〜のメンバー」a member of 〜

日本人がよくやる間違い英語 第6位
― 主語や動詞を省略する間違い ―

「ねえ、小銭があったら貸してくれない？」
✗ **Have** some money?
○ **Could you lend me** some small change?

トレーニングメニュー3　表現力を高める

①
(a) **This train is too crowded.**
「この電車は混みすぎています」
(b) **There are too many people on this train.**
「この電車にはあまりにも多くの人々が乗っています」

解説 ここでは(a)crowdedと(b)too many people が同じ意味で使われています。「人がたくさんいる」のように何かの存在を表す場合、There is/areを使います。**「電車に（乗る）」は通常、on を使います。飛行機やバスなども同様に on**を使います。これらの乗り物は大きく、中で動き回れるため、床の上に乗っているというイメージがあります。**車などのような小さい乗り物は in**を使います。

②
(a) **Let's go eat at that Italian restaurant.**
「あのイタリア料理店で食べましょう」
(b) **Shall we have dinner at that Italian restaurant?**
「あのイタリア料理店で夕食をとりましょうか？」

解説 (a)「**Let's＋動詞の原形」は誰かを誘うときに使われる表現**です。go eat は文法的に正しくは go and eatとなりますが、口語ではよくこのように言います。「go＋動詞の原形」で「〜しに行く」という意味になります。(b)「**Shall we＋動詞の原形」も招待あるいは誘いの表現**ですが、よりフォーマルで丁寧な言い方です。

③
(a) **I used to be a member of the volleyball club.**
「私はバレーボールクラブのメンバーでした」
(b) **I was a member of the volleyball club.**
「私はバレーボールクラブのメンバーでした」

解説 (a)の「**used to＋動詞の原形」は「（今はそうではないが）以前は〜であった、以前はよく〜したものだ」の意味**で後ろに動詞の原形が来ます。よく混同する表現に「be used to＋-ing」があります。こちらは「〜することに慣れている」というまったく違う意味になるので注意してください。

言葉を省略した言い方は非常に乱暴な言い方になる

駅のキオスクなどで、小銭がないときに「ちょっと小銭がないので、貸してくれない？」の言い方がわからないために、こういう聞き方をする方がいますが、これはとても**高飛車で柄の悪い言い方**とされ、外国人に一番嫌われる言い方です。まだ、Give me some (small) change.「小銭をくれよ」のほうがましなくらいです。**英語を話すときに言葉を省略してはいけません**。きちんと、疑問文の形にして聞くか、少なくとも、Do you have any (small) change?と聞いて、相手が気をきかせてくれるのを待つべきでしょう。

chapter 3

HOP 3-6 言い方を変えて言ってみよう！

制限時間 1問30秒

次の日本語を、言い方を変えて（a）（b）それぞれ30秒以内で声に出して言ってみよう。使う語句がヒントに書いてあります。

① 私は大学で経済学を専攻しました。
   (a) I _____.
   (b) I _____.

ヒント (a)「〜を専攻する」major in 〜 「経済学」economics ／ (b)「勉強する」study

② 来週、私の家にいらっしゃいませんか？
   (a) Would you _____?
   (b) I'd like to _____.

ヒント (a)「来る」come ／ (b)「招待する」invite

③ 昨夜、テレビでいい映画をやっていました。
   (a) There _____.
   (b) I _____.

ヒント (a)「テレビで」on TV ／ (b)「見る」watch

日本人がよくやる間違い英語 第5位
― 形容詞の使い方の間違い ―

「彼女は風邪です」
- ✗ She **is** cold.
- ○ She **has** a cold.（ずっと風邪を引いている）
- ○ She **has caught** a cold.（風邪を引いた）

トレーニングメニュー3 　表現力を高める

①
(a) **I majored in economics in college.**
「私は大学で経済学を専攻しました」
(b) **I studied economics in college.**
「私は大学で経済学を勉強しました」

解説 　(a)と(b)では使っている動詞が違っています。「大学で経済学を学んだ」ということでは意味は同じですが、「**専攻した**」となると、major inが、そのものズバリの語となります。しかし、会話をしているとき、いつもそのものズバリの単語や語句が思いつくわけではありません。そうした場合、自分の**知っている言葉で同じような内容を言う機転をきかせることが大切**になります。

②
(a) **Would you like to come to my house next week?**
「来週、私の家にいらっしゃいませんか？」
(b) **I'd like to invite you to my house next week.**
「来週、あなたを私の家に招待したいのですが」

解説 　(a)Would you like to ～? は Do you want to ～? を丁寧にした**言い方**です。こちらは「～しませんか？」と、**相手の意向を尋ねる表現**です。(b)は「**あなたを私の家に招待したいのですが**」という**直接的な勧誘の表現**になります。返事としては、Is it all right? I would love to.「いいんですか？ ぜひ行きたいです」や That'll be great!「いいですね！」などになります。

③
(a) **There was a good movie on TV last night.**
「昨夜、TVでいい映画をやっていました」
(b) **I watched a good movie on TV last night.**
「昨夜、私はTVでいい映画を見ました」

解説 　(a)は**事実を述べる**ときの言い方で、話し手が映画を見たかどうかは前後の意味を確認しなければわかりません。(b)は**話し手の行為・行動を述べる**言い方になります。どちらも意味は同じです。

正しい形容詞の使い方

　形容詞は使い方を間違えるとわけのわからない意味になるので、よくよく注意が必要です。「彼女は風邪です」を She is cold. と言うと、「**彼女は冷たい女だよ**」という意味になり、その彼女がそばにいたら、それこそ冷たい目で見られることになります。重たいかばんを抱えた人に、Is it heavy? なら無事にすみますが、**Are you heavy?** とやると「**あなたって太ってる？**」という意味になるので、危険です。英語が正しいだけに、言い間違えたのだと相手にわかってもらえないからです。

HOP 3-7 言い方を変えて言ってみよう！

制限時間 1問30秒

次の日本語を、言い方を変えて (a)(b) それぞれ30秒以内で声に出して言ってみよう。使う語句がヒントに書いてあります。

① 私は映画館へ行くよりも、DVDを見るほうが好きです。
(a) I _____.
(b) I _____.

ヒント (a)「が好きである」like ／ (b)「のほうを好む」prefer

② 私はとても疲れていたので、昨夜は出かけませんでした。
(a) I _____.
(b) I was _____.

ヒント (a)「出かける」go out ／ (b)「疲れすぎている」too tired

③ カレーライスを作るのは、とても簡単です。
(a) It _____.
(b) Curry and rice _____.

ヒント (a)「作る」make ／ (b)「簡単」easy

日本人がよくやる間違い英語 第4位
― 何でも現在進行で表す間違い ―

「私はそのうわさを耳にしています」
✗ I **am hearing** that rumor.
○ I **heard** that rumor.

トレーニングメニュー３　表現力を高める

①
- (a) **I like watching DVDs more than going to the movies.**
「私は映画館へ行くよりも、DVDを見るほうが好きです」
- (b) **I prefer watching DVDs to going to the movies.**
「私は映画館へ行くよりも、DVDを見るほうを好みます」

解説　(a) I like A more than B.は「私はBよりもAが好きです」という意味です。比較しているのはA「DVDを見ること」とB「映画に行くこと」です。この場合moreをbetterにしても同様の意味になります。(b) prefer A to Bは「BよりAのほうを好む」という意味で、動詞preferに比較の意味が含まれます。

②
- (a) **I didn't go out last night because I was very tired.**
「私はとても疲れていたので、昨夜は出かけませんでした」
- (b) **I was too tired to go out last night.**
「私は昨夜、出かけるには疲れすぎていました」

解説　(a)のbecauseは「～なので、～だから」という原因や理由を表し、２つの文をつなげる役割をします。(b)「too+形容詞/副詞+to不定詞」は「～するには…すぎる」という意味です。言い換えれば「…すぎて～できない」となります。(b)は、結局出かけなかったということを述べています。

③
- (a) **It is very easy to make curry and rice.**
「カレーライスを作るのは、とても簡単です」
- (b) **Curry and rice is very easy to make.**
「カレーライスは作るのが、とても簡単です」

解説　(a)は「～することは簡単です」とeasy「簡単」に重きが置かれています。(a)の文はTo make curry and rice is very easy.と言うこともできます。しかし、文頭があまり長くなると、たいていはto make curry and rice を itに置き換え、(a)のようにするのが普通です。(b)は curry and riceを主語にすることで「カレーライス」がどういうものかを説明する文になっています。

進行形では使えない動詞がある

「今～している」は、I'm listening to the music.「今、音楽を聞いているところです」のように**現在進行形を使って表現**します。この現在進行形は「**一時的に進行している動作**」を表します。「一時的に」がミソです。したがって、「耳にしている」や「持っている」、「愛している」など**状態を表す動詞**は、一時的な動作を表すことができないために、**基本的に進行形にすることができません**。だから、I am hearing the rumor.やI'm having my own house.「私には持ち家があります」、I'm loving you.とは言えないのです。

HOP 3-8

制限時間 1問30秒

chapter 3 言い方を変えて言ってみよう！

次の日本語を、言い方を変えて(a)(b)それぞれ30秒以内で声に出して言ってみよう。使う語句がヒントに書いてあります。

① 空港へはどれくらいで行けますか？
(a) How _____?
(b) How _____?

ヒント (a)「遠くへ」far ／ (b)「長く」long

② 私は今晩、友達と食事をする予定です。
(a) I'm _____.
(b) I _____.

ヒント (a)「～する予定である」plan+to 不定詞 ／ (b)「～するつもりである」be going to

③ 私は昨日、電車で財布を見つけました。
(a) I _____.
(b) There _____.

ヒント (a)「見つける」find ／ (b)「財布」wallet

日本人がよくやる間違い英語 第3位
— 何でも do を使って表す間違い —

「私はダイエットします」
✗ I will **do** a diet.
○ I will **go on** a diet.

トレーニングメニュー3 **表現力を高める**

① (a) **How far is it to the airport?**
「空港へはどれくらい(の遠さ)ですか?」
(b) **How long does it take (you) to get to the airport?**
「空港に到着するにはどれくらい時間がかかりますか?」

解説 (a)**How far** is it to 〜?は、ある場所までの**距離**を「どれくらいの遠さですか」と聞いています。一方、(b)**How long** does it take to 〜?は**所要時間**について「どれくらいの時間がかかりますか」と聞く聞き方です。(a)の質問に対する答えは It's 20 kilometers.「20キロです」、あるいは It's a 20-minute drive.「車で20分(の距離)です」となります。(b)に対する答えは It takes 20 minutes.などです。

② (a) **I'm planning to have dinner with my friend this evening.**
「私は今晩、友達と食事をする予定です」
(b) **I'm going to have dinner with my friend this evening.**
「私は今晩、友達と食事をするつもりです」

解説 両方とも同じ意味で、違いはほとんどありません。「I'm planning to」と「I'm going to」はともに**将来の予定を言う**ときに使う表現です。

③ (a) **I found a wallet on the train yesterday.**
「私は昨日、電車で財布を見つけました」
(b) **There was a wallet on the train yesterday.**
「昨日、電車に財布が落ちていました」

解説 (a)も (b)も事実を述べるときの言い方です。(a)の **find**は「偶然〜を見つける」の意味でも、「見つけて手に入れる」の意味でも使えます。ということは、財布を見つけたまではわかるのですが、「その財布を拾ったのかどうか」まではわからないということです。(b)は「財布が落ちていた」という事実を客観的に述べる言い方です。

---

do は万能の動詞ではない

do the laundry「洗濯をする」、do one's homework「宿題をする」、do one's nails「マニキュアを塗る」、do push-ups「腕立て伏せをする」、do a film「映画を制作する」など、doが使える言い方はいくつもあります。それで「彼はよく病気をする」や「そんな気がする」と、**日本語が「〜する」となったときに** doを使って表現しようとする方がいますが、こんなときは**ほとんど doは使えない**と思ったほうがいいでしょう。He often **gets** sick. / I just **get** [**have**] the feeling.のように言います。

HOP 3-9

chapter 3

言い方を変えて言ってみよう！

制限時間 1問30秒

次の日本語を、言い方を変えて (a)(b) それぞれ30秒以内で声に出して言ってみよう。使う語句がヒントに書いてあります。

---

① そこへは20分くらいで着けます。
- (a) You _____.
- (b) It _____.

ヒント (a)「に着く」get ／ (b)「がかかる」take

---

② 冬にはたくさんの雪が降ります。
- (a) It _____.
- (b) There _____.

ヒント (a)「雪が降る」snow ／ (b)「たくさんの」a lot of

---

③ 1月にたくさんのセールがあります。
- (a) There _____.
- (b) January _____.

ヒント (a)「セール」sale ／ (b)「いい時期」good time

日本人がよくやる間違い英語 第2位
― come と go の使い方の間違い ―

（今度の土曜日、うちでパーティーをするんだけど来ない？）―「もちろん、行くよ！」
(I'm having a party this Saturday at my house. Will you come?)
- ✗ Sure, I'm **going**.
- ○ Sure, I'm **coming**.

トレーニングメニュー3　**表現力を高める**

①
(a) **You can get there in about 20 minutes.**
「そこへは20分くらいで着けます」
(b) **It takes about 20 minutes to get there.**
「そこに着くには20分くらいかかります」

解説　(a)のYouは質問した本人を指して「あなたは20分で着けます」と言っているのではなく、**一般的な人々を表すyou**で、「誰でも20分で着けます」という意味です。また(b)のIt takes ～は「**(時間、労力)がかかる**」という意味のtakeです。「**お金がかかる**」と言うときはIt costs (me) ten thousand yen.「1万円かかる」のようにcostを使います。

②
(a) **It snows a lot in the winter.**
「冬にはたくさん雪が降ります」
(b) **There is a lot of snow in the winter.**
「冬にはたくさんの雪が降ります」

解説　(a)はsnowが「**雪が降る**」**という動詞**の役割をしており、(b)はsnowが**名詞**となっています。in the winterはin winterとも言えます。(b)の直訳は「冬にはたくさんの雪がある」となりますが、これは「地面にたくさんの雪が積もっている」ということではなく「たくさんの雪が降る」という意味にも使います。またsnowは数えられない名詞なので「たくさん」でも**複数形にはなりません**。

③
(a) **There are a lot of sales in January.**
「1月にたくさんのセールがあります」
(b) **January is a good time for sales.**
「1月はセールにいい時期です」

解説　(a)(b)はともに同様のことを言っていますが、(a)は1月にどのような催しがあるかというところに**力点**が置かれていて、(b)はいつセールが行われるかというところに**力点**が置かれているというところで、若干、意味に違いがあります。

相手がいるところに行くときは come を使う

「あなた、ご飯ですよ」—「今、行くよ」を英語で言う場合、"Dinner is ready, dear." —"OK, I'm coming."となります。I'm going.とは言えません。「**相手のいるところへ向かって行く**」場合は、**come**を使うのです。goは「**今いる場所から離れる**」ことを表す言い方で、向かっている目的地をto the stationのようにtoをつけて表します。したがって、I'm going to the station.のようにto以下をつけて表します。一方 I'm coming.の場合、**come**は話し相手がいる場合に、「**あなたがいるところに行く**」という意味になります。したがって、行き先はto youになるのですが、to youは言う必要がないので、I'm coming.だけで正しい英語になるわけです。

chapter 3

HOP 3-10

制限時間 1問30秒

言い方を変えて言ってみよう！

次の日本語を、言い方を変えて (a) (b) それぞれ30秒以内で声に出して言ってみよう。使う語句がヒントに書いてあります。

① あのレストランは高すぎます。
- (a) That _____.
- (b) It _____.

ヒント (a)「高い」expensive ／ (b)「費用がかかる」cost

② このコートは半額でした。
- (a) This _____.
- (b) I _____.

ヒント (a)「半額」half price ／ (b)「5割引き」50% off

③ 私の娘はコンビニで働いています。
- (a) My _____.
- (b) My _____.

ヒント (a)「～で働く」work at ～ 「コンビニ」convenience store ／ (b)「仕事場」workplace

---

日本人がよくやる間違い英語 第1位

― いつでも I を主語にする間違い ―

「コーヒーを1杯入れていただけませんか？」
- ✗ **I** want you to make coffee for me.
- 〇 Could **you** make me some coffee?

トレーニングメニュー3　表現力を高める

①
(a) **That restaurant is too expensive.**
「あのレストランは高すぎます」
(b) **It costs (me) too much to go to that restaurant.**
「あのレストランに行くには費用がかかりすぎます」

解説　「be動詞+too expensive」は「take/cost+too much」と同じ意味となります。(b)の「too ... to不定詞」は「〜するには…すぎる」、「…すぎて〜できない」を表します。

②
(a) **This coat was half price.**
「このコートは半額でした」
(b) **I bought this coat for 50% off.**
「私はこのコートを5割引きで買いました」

解説　半額という言い方には half price、half the original price、50% off などいくつもあります。ただし、「25%引き」を1/4 price (one fourth price)とは言いませんので注意してください。**25% off**です。(b)の「5割引きで」の「で」は forを使います。この forには「〜と引き換えに」という意味があり、物を買うときの金額を言う場合などにも使います。I bought this coat for 20,000 yen.「私はこのコートを20,000円で買いました」

③
(a) **My daughter works at a convenience store.**
「私の娘はコンビニで働いています」
(b) **My daughter's workplace is a convenience store.**
「私の娘の仕事場はコンビニです」

解説　一般的に使われる言い方は、アルバイトやパートの場合は (a)の表現です。(b)は、正社員という印象を受けます。workplace「仕事場、職場」という言葉がそのような印象を与えます。

いつでも I ばかりを主語にしていると、自分本位の人だと受け取られることがある

　どんな言葉にも、人に与える印象というものがあります。いつも I ばかりを主語にしていると、自分の言いたいことばかり先に言う人だ、と受け取られてしまうことがあります。だから時には I ではなく、Youを使って、相手のことを思いやったり、I want toの代わりに Do we とか Shall weのような weを使った疑問文にして、相手の意向を先に聞く言い方を言えるようにしておくと、相手に与える印象がぐっとよくなります。特に気をつけたいのが、I want to 〜の多用です。I want to 〜は「だだっ子」という印象を与えやすく、また、I want you to 〜は「〜しておいてね」というような、ほとんど命令口調の響きを伴いますので、この表現は目上の人に使ってはいけません。

STEP 3-11

制限時間 1問30秒

chapter 3 言い方を変えて言ってみよう！

次の日本語を、言い方を変えて (a) (b) それぞれ30秒以内で声に出して言ってみよう。使う語句がヒントに書いてあります。

① 作家は本を書くのに多くの想像力を使います。
(a) A writer _____.
(b) It _____.

ヒント (a)「使う」use 「想像力」imagination ／ (b)「を要する」take

② あの映画は若い人に気があります。
(a) That _____ among young people.
(b) Many young people _____.

ヒント (a)「人気がある」popular ／ (b)「が好きである」like

③ 警官はかばんの中にお金を発見しました。
(a) The police _____.
(b) The money _____.

ヒント (a)「を発見する」discover ／ (b)「警官によって」by the police

日本人がよくやる間違い英語 ダントツ「第1位」
— カタカナ英語の間違い① —

「クラクションを鳴らした」
× I rang the Klaxon.
○ I honked [beeped] the horn.

トレーニングメニュー3 表現力を高める

①
- (a) **A writer uses a lot of imagination to write a book.**
  「作家は本を書くのに多くの想像力を使います」
- (b) **It takes a lot of imagination for a writer to write a book.**
  「作家が本を書くのには多くの想像力を必要とします」

解説 同じことを言うにも、**動詞を変えるだけで何通りにも言える**という例です。(a)は「作家」を主語とし、「**作家は〜を使う**」という形で表現しています。(b)は「本を書くことは〜を必要とする」という文になっています。

②
- (a) **That movie is popular among young people.**
  「あの映画は若い人に人気があります」
- (b) **Many young people like that movie.**
  「多くの若者があの映画を好きです」

解説 「〜は人気がある」はとてもよく使う表現ですが、〜 is popular among ...だけしか言い方がないわけではありません。(b)のように動詞 likeを使って表すこともできます。また、「当社の新製品は消費者に**好評だった**」なら、Our latest products were well [favorably] received by customers.「消費者に好意的に迎えられた」とも、Many customers warmly welcomed our latest products.「多くの消費者が**温かく迎えてくれた**」とも表すことができます。

③
- (a) **The police discovered the money in the bag.**
  「警官はかばんの中にお金を発見しました」
- (b) **The money was discovered in the bag by the police.**
  「お金は警官によってかばんの中で発見されました」

解説 主語が文中で「話題＝テーマ」を表すことがあります。(a)は「警官がお金を発見した」とあるように、**警官の行為がテーマ**になっています。これに対し(b)は「お金が警官に発見された」と、**お金がテーマ**になっています。ただし、「お金＝発見される」という関係ですので、「**be動詞＋動詞の過去分詞形**」(was discovered) という受動態と呼ばれる形にします。

カタカナ英語は英語ではない

「クラクション」のようなカタカナ語をそのまま英語にすると間違えることがたくさんあります。「**アルバイト**」は英語では、a part-time jobあるいは a side jobですし、カタカナ語の「**リフォーム**」は、英語では remodel「家屋や部屋の改修」や renovate「建物の改修」を使います。英語の reformは「(制度などの) 改革、改善」を表し、「家や室内を改修する」という意味にはなりません。

STEP 3-12 言い方を変えて言ってみよう！

chapter 3

制限時間 1問30秒

次の日本語を、言い方を変えて(a)(b)それぞれ30秒以内で声に出して言ってみよう。使う語句がヒントに書いてあります。

---

① ジョギングでスリムになれます。
(a) You can ＿＿＿＿＿＿＿＿＿＿＿＿＿＿＿.
(b) Jogging will ＿＿＿＿＿＿＿＿＿＿＿＿＿＿＿.

ヒント (a)「になる」get「スリムな」slim ／ (b)「〜を(ある状態に)する」make

---

② その説明書は簡単な英語で書かれています。
(a) The instructions ＿＿＿＿＿＿＿＿＿＿＿＿＿.
(b) Simple English ＿＿＿＿＿＿＿＿＿＿＿＿＿.

ヒント (a)「を書く」write ／ (b)「を使う」use

---

③ 牛乳は冷蔵庫にしまっておくべきです。
(a) You ＿＿＿＿＿＿＿＿＿＿＿＿＿＿＿＿＿.
(b) The milk ＿＿＿＿＿＿＿＿＿＿＿＿＿＿＿.

ヒント (a)「しまっておく」keep ／ (b)「を置いておく」go「冷蔵庫」refrigerator

日本人がよくやる間違い英語ダントツ「第1位」
— カタカナ英語の間違い② —

「君のいつものワンパターンのせりふが出たね」
✗ You said your **one-pattern** phrase.
○ You always say **the same thing**.

トレーニングメニュー3　表現力を高める

①
(a) **You can get slim by jogging.**
「ジョギングでスリムになれます」
(b) **Jogging will make you slim.**
「ジョギングはあなたをスリムにします」

解説 (a)は「あなた」を主語にし、(b)はジョギングを主語にした文です。「スリムになる」などのように「ある体形になる」は「get＋形容詞」で表します。(b)の makeは「作る」ではなく「人や物を〜にする」という意味です。

②
(a) **The instructions are written in simple English.**
「その説明書は簡単な英語で書かれています」
(b) **Simple English is used in the instructions.**
「その説明書は簡単な英語が使われています」

解説 (a)(b)両方とも受動態を使っています。受動態は動詞を「be動詞＋動詞の過去分詞形」にして表します。そして通常、The fish was eaten by the cat.「魚は猫に食べられた」のように動作を受ける側を主語にし、動作を行った側を by 〜で表します。しかし、動作を行った者がはっきりしない場合や、逆に、はっきりしていて明示する必要がない場合は by 〜をつけずに受動態にすることもあります。(a)(b)はこのような by 〜のない形の受動態です。

③
(a) **You should keep the milk in the refrigerator.**
「牛乳は冷蔵庫にしまっておくべきです」
(b) **The milk should go in the refrigerator.**
「牛乳は冷蔵庫にしまっておくべきです」

解説 (a)はばくぜんと「人々」を表す Youを主語に、(b)は The milkを主語にして表現しています。go は「〜を置いておく」という意味でも使える便利な動詞です。ただし、go to the refrigeratorではなく、go in the refrigeratorと前置詞を inにして使います。"Where does this pot go?" — "It goes under the sink."「この深鍋はどこに置くの？」「流しの下に入れてね」

カタカナ英語は英語ではない

「ワンパターン」のようなカタカナ語を特に「和製英語」と呼んでいますが、これもまったくこちらの意図が伝わりません。実は one patternはりっぱな英語です。ですが、意味が異なります。「1つの模様、1つの様式」という意味になります。それで say one patternと言うと、「1つの模様を言う」という意味になり、何のことを言っているのかわからないのです。「ワンパターンのことを言う」なら、say the same thingと言いますし、「ワンパターンのことをする」なら、do it in the same wayと言います。

STEP 3-13

chapter 3

言い方を変えて言ってみよう！

制限時間 1問30秒

次の日本語を、言い方を変えて(a)(b)それぞれ30秒以内で声に出して言ってみよう。使う語句がヒントに書いてあります。

---

① 私の朝の日課は新聞を読むことです。

(a) My _____.

(b) I _____.

ヒント (a)「朝の日課」morning routine ／ (b)「を読む」read

---

② 自分の意見を英語で表現することは難しいです。

(a) It is _____.

(b) It is not _____.

ヒント (a)「表現する」express 「意見」opinion ／ (b)「簡単な」easy

---

③ 聞こえないので、もっと大きい声でしゃべってください。

(a) Please speak louder, _____.

(b) Please speak louder _____.

ヒント (a)「なぜなら」because ／ (b)「〜するために」so that

日本人がよくやる間違い英語ダントツ「第1位」
— カタカナ英語の間違い③ —

「マイペースで仕事をこなすつもりです」
✗ I will do my work **at my pace**.
○ I will do my work **in my own way**.

トレーニングメニュー 3　**表現力を高める**

①
(a) **My morning routine is to read [reading] the newspaper.**
「私の朝の日課は新聞を読むことです」
(b) **I read the newspaper every morning.**
「私は毎朝、新聞を読みます」

解説　「朝の日課」と言うのに (a)は morning routineという一言で表現し、(b)は「毎朝〜する」という言い方を使っています。頭に浮かんだ日本語が「日課」であったとしても、その訳語が思い浮かばないときはこのように**表現方法を変えることで言いたいことを伝える**ことができます。

②
(a) **It is difficult [hard, tough] to express my opinions in English.**
「自分の意見を英語で表現することは難しいです」
(b) **It is not easy to express my opinions in English.**
「自分の意見を英語で表現することは簡単ではありません」

解説　(a)「〜は難しい」を (b)「〜は簡単ではない」と表現しています。このように、ある言葉と意味が逆になる**反意語**に notをつけることでも同じことを言うことができます。wrong「間違っている」⇔ right「正しい」、timid「臆病な」⇔ brave「勇敢な」、rough「でこぼこの」⇔ smooth「平らな」など様々な反意語があります。

③
(a) **Please speak louder, because I can't hear you.**
「聞こえないので、もっと大きい声でしゃべってください」
(b) **Please speak louder so that I can hear you.**
「聞こえるように、もっと大きい声でしゃべってください」

解説　「〜なので…」と言いたいときには、(a)..., because 〜という言い方と、アメリカなどでは、Since ..., 〜という言い方もよくします。Since I became 20, I can drink alcohol.「二十歳になったのだからお酒を飲んでもいいんだ」。また、同じことを「〜できるように…」と言うこともできます。この場合は、(b) ... so that I can 〜のように言います。これもよく使われる言い方です。

和製英語と作りが似ている純正英語

和製英語とそれに相当する英語表現を比べると両者の感覚的な違いがよくわかります。例えば、「マイペース」「コインランドリー」「デコレーションケーキ」「ワンマン」と和製英語を続けてくると、いずれも、単純に英語の2語をつなげて作っていることがわかります。これに相当する英語は、at one's own pace「自分のペースで」/ in one's own way「自分なりに、自分なりのやり方で」、coin washer / Laundromat、decorated cake、autocratic / dictatorial「ワンマンな(dictaturial management「ワンマン経営」)のようになります。

STEP 3-14

chapter 3

言い方を変えて言ってみよう！

次の日本語を、言い方を変えて (a)(b) それぞれ30秒以内で声に出して言ってみよう。使う語句がヒントに書いてあります。

制限時間 1問30秒

---

① 車を停める場所がありません。
(a) There is _____.
(b) We can't _____.

ヒント (a)「場所がない」no place ／ (b)「見つける」find

---

② 私の一番好きな食べ物はイタリア料理です。
(a) My _____.
(b) I _____.

ヒント (a)「一番好きな」favorite ／ (b)「が好きである」like

---

③ あなたの電話番号を教えてもらえますか？
(a) Can I _____?
(b) Could you _____?

ヒント (a)「をもらう」have ／ (b)「私に教える」let me know

日本人がよくやる間違い英語ダントツ「第1位」
— カタカナ英語の間違い④ —

「君ってとってもナイーブだね」
✗ Oh, you are very **naive**.
○ Oh, you are very **sensitive**.

トレーニングメニュー 3　表現力を高める

①
- (a) **There is no place to park the car.**
  「車を停める場所がありません」
- (b) **We can't find any place to park the car.**
  「車を停める場所を見つけられません」

解説 何かの存在を表す場合は There is / areを用います。(a) **There is no place to ~**は直訳すると「~するない場所がある」ということで、つまり「場所がない」ということになります。英語ではこのように**名詞の前に**noをつけて「**まったく~ない**」**という強い否定の意味**を表します。noは単数、複数どちらの名詞の前にもつけることができます。

②
- (a) **My favorite food is Italian.**
  「私の一番好きな食べ物はイタリア料理です」
- (b) **I like Italian food best of all.**
  「私はすべての料理の中でイタリア料理がもっとも好きです」

解説 (a)の**favorite**は「**一番好きな**」という意味で使います。この語自体に最上級の意味合いが入りますので most favoriteのように最上級にはしません。(b)では like と bestを使って表現しています。この**best**は**副詞well「よく」の最上級**です。well-better-bestのように比較変化します。副詞なので theはつきません。

③
- (a) **Can I have your phone number?**
  「あなたの電話番号を教えてもらえますか？」
- (b) **Could you let me know your phone number?**
  「あなたの電話番号を教えてもらえますか？」

解説 同じことを主語を変えて言うことができます。(a) の **Can I ~?**は「~することができますか？」ではなく、「**~してもいいですか？**」**と相手の許可を求める**ときの言い方です。これとほぼ同意で、youを主語にして相手の意向を優先して聞いている分だけ**表現が丁寧**になっているのが (b)になります。

カタカナ英語と英語とで意味が異なるものがあるので注意

　カタカナ英語では、「ナイーブ」を「繊細な」というプラスのイメージでとらえています。一方、英語のnaiveは「**単純でだまされやすい、(意見や考えが) 世間知らずの、うぶな**」というマイナスのイメージで使う言葉です。したがって、You are so naive.と言われたら、言われた相手はまず怒り出します。また、「ワイルド」などもカタカナ英語ではいい意味での「野性的な」というとらえ方をしますが英語の wildは文明＝civilizationに相反する言葉で、「**洗練されたところがまったくない、感情のコントロールがきかない、野蛮な、乱暴な**」というマイナスのイメージで使う言葉です。したがって、You are wild.は、ほめ言葉にはなりません。人を形容するカタカナ英語を使うときは英語の本来の意味を知った上で使うことが大切です。

STEP 3-15

chapter 3

言い方を変えて言ってみよう！

次の日本語を、言い方を変えて (a)(b) それぞれ30秒以内で声に出して言ってみよう。使う語句がヒントに書いてあります。

制限時間 1問30秒

---

① マリさんはこの秋に一郎君と結婚するらしいよ。
(a) They say _____.
(b) I heard _____.

ヒント (a)「結婚する」get married ／ (b)「この秋に」this fall

---

② 喜んであなたのお手伝いをします。
(a) I'll be _____.
(b) It's _____.

ヒント (a)「喜んで」happy / glad ／ (b)「私の喜び」my pleasure 「手伝う」help

---

③ 今晩、映画を見に行きませんか？
(a) How would you like _____ ?
(b) Why don't we _____ ?

ヒント (a)「映画」movie ／ (b)「見に行く」go to see

日本人がよくやる間違い英語 ダントツ「第1位」
― カタカナ英語の間違い⑤ ―

「あなたはメタボなんだってね」
✗ Oh, they say you are **metabolics**.
○ You look like you are suffering from **metabolic syndrome**.

トレーニングメニュー 3　表現力を高める

①
(a) **They say Mari will get married to Ichiro this fall.**
「マリさんはこの秋に一郎君と結婚するらしいよ」
(b) **I heard Mari and Ichiro are getting married this fall.**
「マリさんと一郎君はこの秋に結婚するらしいよ」

解説　「～らしい」にはいくつか言い方があり、They say (that) ... や I heard (that) ... のほか、It seems (that) ... が使えます。いずれも人づてに聞いた話であることを表します。「結婚する予定だ」は、They will get marriedでも They are getting marriedと進行形を使っても表すことができます。進行形を使うと結婚する確率がぐっと高くなります。

②
(a) **I'll be very happy [glad] to help you.**
「喜んであなたのお手伝いをします」
(b) **It's my pleasure to help you.**
「喜んであなたのお手伝いをします」

解説　Could you give me a hand?「手を貸してもらえませんか？」のように言われたときの返事では、主語は I 以外にはありません。このような質問に対しては「する」か「しない」か態度をはっきりさせます。「喜んで～する」の言い方は、上のほか、I will be pleased to help you. / I will be more than happy to help you.などがあります。「いいえ、今はちょっと手が離せません」と言うときは、I'm sorry, but I'm busy right now. とか I'm tied up at the moment.などと言います。

③
(a) **How would you like to go and see a movie tonight?**
「今晩、映画を見に行きませんか？」
(b) **Why don't we go to see a movie tonight?**
「今晩、映画を見に行きませんか？」

解説　相手の意向を確認する表現をいくつか覚えていることも大切です。I を主語にして、I want to go to see a movie with you.とか I would like to go to see a movie with you.のように、I 以下をどんなに丁寧にするよりも、youあるいはweを主語にして聞くほうがいっそう丁寧な聞き方になります。

カタカナ英語は結局、日本語の一種で、英語ではない

カタカナ英語は、そのまま英語として使えるものもありますが、ほとんどが英語での言い方を知らないと使えません。「**メタボ**」も**英語では** metabolic syndromeとしないと「病気」にはなりません。また、「**メタボになる**」に相当する suffer from metabolic syndromeを知らないと、結局この表現は使えないということになります。**英語を覚えるときは単語だけでなく、表現も覚える**ようにしておくといいですね。

ゲーム感覚の学習法

　基本的な構文パターンと単語力にある程度自信がついてくると、人間は欲張りになってきます。すなわち、自分の表現はワンパターンではないということを相手に示したくなってきます。ただ、ここで大事なことはシンプルな構文を完全にあるいはそれに近い形で自分のものにしておく必要があるということです。

　私が最初に試みたことは、まず**目に見える物を言葉で表現する**ことに焦点をあてました。例えば、目の前にリンゴがあれば、リンゴを別な形で説明する努力です。日本語で言うと、「青森特産の赤いくだもので、パイの具などに使われる」といった説明でしょうか？　これを**ゲーム感覚**で試してみて、次に目に見えない抽象的な言葉にチャレンジしてみます。例えば「優しい人柄」を別な言い方に変えると、「穏やかで温厚な性格を持った人」というふうになるでしょう。

　こうして言葉や物を違った表現で説明することに慣れてきたら、**同じ内容の文章を別の構文で表す**ようにしてみました。ここではただ単に与えられた内容を材料として使うのではなく自分の**得意分野**に絞ってのトレーニングです。私の場合、とりあえずスポーツ、特にビーチバレーが得意なのでビーチバレーをやりながらそこで使う言葉や表現を材料にしました。それは語いがとても限られていながらも同じ意味で様々な言い回しがあり、動作が一緒に伴うことで、とてもわかりやすかったからです。目に見える物や単語から入ったのと同じ原理です。

　具体的にどのような表現があるかというと、(I've) got it!「取るぞ！」または (It's) mine!「取るぞ！」、(You've) got it!「取れ！」または (It's) yours!「取れ！」、(You) spike it!「スパイクしろ！」、(You) swing it!「打て！」、(You) almost made it!「おしい！」、または (It's) too bad you missed it!「あ〜、残念」などです。

　つまり、目に見える動作と言葉が伴っている場合は情景が頭に入りやすいために別の表現も理解しやすいということです。これは日本語を話すときも同じでしょう。

　このように段階を追ってこのChapterのトレーニングをこなしていくと皆さんの**表現力は飛躍的に幅が広がっていく**ことでしょう。しつこく繰り返しますが、私たちの日常では討論などのとき以外は**常にシンプルでしかも少ない語いで意思疎通**をしていることを忘れないでください。これはどの言葉でも同じで、英語も例外ではありません。

長友　信

chapter 4

トレーニングメニュー 4
会話力を高める

！TRAINING POINT

- 話を展開させる
  （論理的な話し方を身につける）
- 関連表現を覚え、英語力をアップする

> ふくらみのある
> スムーズな会話をする
> 力をつけます！

chapter 4 トレーニング・マニュアル

●Chapter 4の問題形式

～ 人と会う ～

はじめまして。私は鈴木ケンです。どうぞケンと呼んでください。
It's nice _____ . _____ . _____ .

ヒント 「呼ぶ」call

ごめんなさい。名前が聞き取れなかったのですが。
I'm sorry _____ .

ヒント 「とらえる、聞き取る」catch

トレーニング方法

❶ 最初に会話のトピックで話題を確認します。

❷ 次にそれぞれの問題の出だしの英語を見て、日本語の内容を表す英語を考え、声に出して言います。
　→制限時間は、それぞれ1問1分。

❸ 英文を作る際に、ヒントにある語句を参考にすると簡単に英文が作れます。

　トピックから連想される会話を考えるトレーニングです。それぞれの問題文の場面や状況、話している相手や相手の質問などを想像しながら、解いていくとよいでしょう。なお、STEP編は、HOP編のような話が展開していく形式ではなく、トピックにまつわる様々な表現がランダムに紹介してあります。

トレーニングメニュー4　会話力を高める

❹ Meeting someone

① It's nice to meet you. I'm Ken Suzuki. Please call me Ken.

解説 ビジネス以外の通常の会話では it's が省略されて **Nice to meet you.** で**すませる場合がほとんど**です。そして I am ～ . よりも I'm ～ . の短縮形が一般的です。また、My Name is Ken Suzuki. よりも I'm Ken Suzuki. のほうが自然に聞こえます。

② I'm sorry. I didn't catch your name.

解説 I'm sorry, but ～ . のように but で続けるほうが丁寧ですが、I'm sorry で始まる文は、この **but が頻繁に省略**されます。**did'nt catch** は、「（名前を）**聞き取れなかった**」、「（名前が）**聞こえなかった**」という意味で使われています。I couldn't catch ～ とも言えます。

解説 解答と解説について

❹ 正解の英語と自分が作った英語を確認します。

❺ 自分が作った英語と解答にある英語を見て、誤りがあった場合は、正解の英語を何度も声に出して言い、正しい英語を覚えましょう。

❻ 解説には、正解の英語の文の作りや関連表現などが書いてあるので、解説もよく読んでください。

　ここは、正解とまったく同じ答えにならないことも多く出て来るでしょう。英語には同じことを言うにも、様々な言い方があるからです。解説には、そのほかの表現も参考に挙げてありますので、よく読んで、自分の解答が正しいかどうかを確認してください。

トレーニング・マニュアル

Chapter 4の目的と効用

目的　トレーニングメニュー 4では、「トピックについての文と文の関連を意識しながらある程度まとまったことを話すトレーニング」と「トピックにまつわる表現を考えるトレーニング」をして、**英語の会話力を高めるトレーニング**を行います。

　Chapter 3までで、短い英文を作ることができるようになったところで、ここでは**会話が行われる場面を想定**して、その場面で使われる表現を中心に学んでいきます。話はある自然な成り行きの話になるようにしてあります。また、外国人との会話でよく出てくる表現ばかりを多数取り上げています。

　複数の考えをまとめて表現するときには、and「そして」やbut「しかし」、however「しかし、でも」、therefore「それゆえ」といった接続詞や、I met Mr. Smith at the restaurant that just opened near the station.のような関係代名詞や関係副詞などが使われたりしますが、本書ではこうした複雑な言い回しよりも、なるべく**短い文をいくつもつなげていく話し方を集中的に練習**し、トレーニングを積んでいくことにします。接続詞の使い方や関係詞の使い方は、短い文をいくつもつなげていく話し方が身についたあとでいくらでもつけ足すことができるようになります。

　ある程度まとまりのある話をするうえで大切なのは、**話に関連性を持たせる**ことです。話というのは、ただ単に無秩序に話せばいいというものではありません。**「私はこう考える」**と言ったあとには、**「その理由」**を続けると**話し手の意図はいっそう明確**になります。このように、文が複数集まると、最初の文とあとの文に、ある**役割**が生まれてきます。

　例えば、次の例で考えてみましょう。

① My morning routine is to read a newspaper soon after I get up.
　「私の日課は、朝起きるとすぐに新聞に目を通すことです」
② In particular I read articles about economic news very carefully.
　「特に経済面は詳しく読むようにしています」
③ If you don't know much about economic trends, you could become left behind.
　「経済の動向にうとくなると、後れを取ることだってあります」
④ The price of oil went down by 25 yen in last May, and it lasted just one month.
　「この5月に1か月間だけガソリンの値段が25円も下がったことがありました」

この①〜④の話の展開は、**順番を入れ替えると非常にわかりにくい話**になってしまいます。例えば、③―①―④―②の順番にしてみましょう。
③経済の動向にうとくなると、後れを取ることだってあります。
①私の日課は、朝起きるとすぐに新聞に目を通すことです。
④この5月に1か月間だけガソリンの値段が25円も下がったことがありました。
②特に経済面は詳しく読むようにしています。
　こうすると、話し手が何を言いたいのか、とたんにわからなくなってしまいます。なぜこのようなことが起こるのでしょうか。**複数の文が集まると、それぞれの文がある役割を持つ**ようになるからです。
例えば、①がこの話し手が言いたいことがらです。このようにテーマを取り上げた文のことを**①Topic Sentence「テーマ文」**と呼んでいます。②は①の文をさらに詳しく説明している役目を持っていて、このような文のことを**②Supportive Sentence「支持文」**と呼んでいます。③は①の文に対して**③「理由」を表す役目**を持っています。英語では、このような「理由や目的」を表す支持文を挿入することはコミュニケーション上、大切だと考えられています。④は③の**④具体例**として紹介されています。
　日本語に限らず、英語でもこうした話の展開、話の運びはこちらの意図をよりよく理解してもらう上で大切なことがらになります。日本人の英語はよくわからない、とよく外国の人がこぼします。それは日本人の英語の発音がいかにもカタカナ英語で通じにくい、からではありません。日本人が「理由や具体例がない」説明不足の英語を話しているからです。このように文と文との関係を意識しながら話すトレーニングをすることでこうした欠点を克服することができます。

効用　Chapter 4 では、それぞれの**話の流れと文と文の役割を意識しながら、英文をつくっていくトレーニング**を行います。複数の文を述べて自分の置かれた状況や考えを述べる場合に、話の筋道（これを英語では logic と呼んでいます）をはっきりさせることが大切な心構えになります。このことが抜かりなくできるようになれば、**スムーズな会話を展開する技術が身につき**、外国人が両肩を上げて両の手の平を空に向けて「なんだかよくわかりません」とやることもなくなります。

HOP 4-1

chapter 4 会話のトピックから話を展開させよう！

制限時間 1問1分

次の日本語を英語に直し、1分以内で声に出して言ってみよう。

～ 人と会う ～

① はじめまして。私は鈴木ケンです。どうぞケンと呼んでください。
It's nice ＿＿＿＿＿．＿＿＿＿＿＿．＿＿＿＿＿＿．

ヒント 「呼ぶ」call

② ごめんなさい。名前が聞き取れなかったのですが。
I'm sorry. ＿＿＿＿＿＿＿＿＿＿＿＿＿＿＿．

ヒント 「とらえる、聞き取る」catch

③ XYZ会社の者です。名刺をどうぞ。
I'm with ＿＿＿＿＿＿＿＿．＿＿＿＿＿＿＿＿．

ヒント 「名刺」(business) card

④ 私のオフィスはこの建物の3階にあります。
My office ＿＿＿＿＿＿＿＿＿＿＿＿＿＿．

ヒント 「3階」third floor ／「建物」building

⑤ 私の同僚にあなたを紹介したいのですが。
I'd like ＿＿＿＿＿＿＿＿＿＿＿＿＿＿＿．

ヒント 「AをBに紹介する」introduce A to B ／「同僚」colleague

トレーニングメニュー 4　**会話力を高める**

Meeting someone

①　It's nice to meet you. I'm Ken Suzuki. Please call me Ken.

解説　ビジネス以外の通常の会話では it's が省略されて Nice to meet you. ですませる場合がほとんどです。そして I am ～ .よりも I'm ～ .の短縮形が一般的です。また、My name is Ken Suzuki. よりも I'm Ken Suzuki. のほうが自然に聞こえます。

②　I'm sorry. I didn't catch your name.

解説　I'm sorry, but ～ .のように but で続けるほうが丁寧ですが、I'm sorry で始まる文は、この but が頻繁に省略されます。didn't catch は、「(名前を) 聞き取れなかった」、「(名前が) 聞こえなかった」という意味で使われています。I couldn't catch ～とも言えます。

③　I'm with XYZ Company.　Here's my card.

解説　I'm with XYZ Company. は I work for XYZ Company. とほぼ同じ意味です。Here's は Here is の短縮形です。「Here is/are ＋物」で「ほら、こちらが～です」のように注意を促しながら、何かを見せたりするときに使います。please を使って My card, please. のように言うと、「私のカードをください」という意味になってしまいます。

④　My office is on the third floor of this building.

解説　on the third floor の on は「(建物などの階について) ～に」を意味します。「3階にあります」を英語に直訳して、There is my office on the third floor of this building. のように There is ～を使って言う方がいますが、このように**具体的なものを主語にして言うときにはこの構文は使えません**。

⑤　I'd like to introduce you to my colleague.

解説　I'd like to ～「～したい」は I want to ～を丁寧にした言い回しです。人に何かをしてもらいたいときに「I'd like you＋to不定詞」なら「あなたに～していただきたいのですが」と、丁寧になりますが、「I want you＋to不定詞」とすると、「～してもらいたい」と目上の人が下の人に言う感じになるので注意してください。

HOP 4-2 会話のトピックから話を展開させよう！

制限時間 1問1分

次の日本語を英語に直し、1分以内で声に出して言ってみよう。

～ 仕事(1) ～

① 私は貿易会社で働いています。
I work _____.

ヒント 「貿易会社」import-export company

② そこで10年にわたって働いています。
I've _____.

ヒント 「～にわたって…している」have been ...for ～

③ 私は国際営業部門にいます。
I'm _____.

ヒント 「国際営業、国際販売」international sales ／「部門」division

④ 私のチームは北米事業の担当です。
My team _____.

ヒント 「～を担当する」in charge of ～／「事業」operation

⑤ 仕事はきついので、しばしば残業しなければなりません。
The work _____.

ヒント 「きつい」hard ／「残業する」work overtime

トレーニングメニュー4　**会話力を高める**

Work(1)

① **I work for an import-export company.**

解説 work for ～で「～で働く」という意味になります。forのあとは会社名や人が入ります。米国には、日本で言うところの「商社」は存在しません。その代わりに、貿易会社があります。輸出入専門ということでimport-export company「輸出入会社(貿易会社)」、あるいはinternational trading「国際貿易」という役割を持った業者になります。

② **I've been working there for ten years.**

解説 I've been (+-ing) for 10 years. この言い回しは**過去のあるときから現在に至るまでの時間の経過を表す**ときによく使うフレーズです。例えば、I've been living here for 10 years.「ここに10年にわたって住み続けています」などがあります。for ～ yearsの部分に**since 1990**などを入れると「**1990年以来**」などという意味で使えます。

③ **I'm in the international sales division.**

解説 部署名はほかに、accounting「経理部」、personnel「人事部」やmarketing「マーケティング部」などがあります。こうした語を「部」の意味で使うときは通常、**数えられない名詞としてaやtheをつけずに使います**。Ask Mr. Baker in personnel.「人事部のベーカーさんに聞いて」。

④ **My team is in charge of North American operations.**

解説 be in charge of ～は、例えばI am in charge of this production line.「私はこの生産ライン**を受け持っています**」のように使います。operationは「活動、業務、営業、事業」などの意味があり、overseas operations「海外事業」のように**複数形**で使います。

⑤ **The work is hard, so I often have to work overtime.**

解説 soは「～だから」という意味で、「原因を表す一文＋so＋その結果どうであるかを言う一文」が来ます。soの場合、このように「**主語＋述語動詞**」のある完全な文章しかつなぐことができません。

chapter 4

HOP 4-3 会話のトピックから話を展開させよう！

制限時間 1問1分

次の日本語を英語に直し、1分以内で声に出して言ってみよう。

〜 仕事(2) 〜

① 私の会社の最大の利点はフレックスタイム制です。
The biggest _____ .

ヒント 「利点」merit ／「フレックスタイム制」flextime system

② 私たちは先週、ヨーロッパの顧客(複数)を伝統的な日本食レストランでもてなしました。
We _____ .

ヒント 「もてなす」entertain ／「顧客」client ／「伝統的な」traditional

③ 夜10時まで仕事をしたので、レポートを締め切りまでに終わらせることができました。
I worked _____ .

ヒント 「〜まで」until ／「締め切り」deadline

④ 新規顧客との契約交渉は明け方の5時まで続きました。
The sales _____ .

ヒント 「交渉」negotiation ／「続く」continue

⑤ 私は先月、大阪へ3回の出張をしました。
Last month _____ .

ヒント 「出張」business trip

Work (2)

① The biggest merit of my company is the flextime system.

解説 ちなみに「私の会社はフレックスタイム制です」は Our company is on flextime. と on をつけて言います。フレックスタイムは別の言い方で flexible working hours とも言います。

② We entertained our European clients last week at a traditional Japanese restaurant.

解説 last week は文末に持って来ることもできます。entertain という語を使わずに We invited our clients to a Japanese restaurant.「私たちの顧客を日本食レストランに招待しました」のように言うこともできます。

③ I worked until 10 o'clock (at night) so that I could finish the report by the deadline.

解説 until は「（継続して何かを行ったときの終わりを示して）〜まで」という意味です。by は「（期限や終了時刻を示して）〜までに」という意味です。〜 so that ... could 〜 は「〜した、だから〜できた」という趣旨の使い方です。使い勝手のいい言い方なので、覚えておくとよいでしょう。at night は言わなくてもわかるときはつけないことも普通です。

④ The sales negotiations with a new client continued until 5:00 in the morning.

解説 negotiation は通例、negotiations のように複数形で使われます。negotiation 以外の表現としては talks（複数形で）「話し合い、協議」、discussion「議論、討議」などがあります。

⑤ Last month I took three business trips to Osaka.

解説 trip を使って「旅行をする」と言うときは take a trip や go on a trip となります。a trip は「1回の旅行」という意味ですが、「3回の出張」は three business trips になります。また I took business trips to Osaka three times last month. と言ってもよいでしょう。「出張する」はほかに travel on business とも言います。

HOP 4-4 会話のトピックから話を展開させよう！

制限時間 1問1分

次の日本語を英語に直し、1分以内で声に出して言ってみよう。

～ タクシーに乗る ～

① 空港へ（連れて）行ってくださいますか？
Could you _____ ?

ヒント 「を連れて行く」take ／「空港」airport

② トランクを開けてくださいますか？　大きいスーツケースがあります。
Would you _____ ? _____ .

ヒント 「トランク」trunk ／「大きい」large

③ 国連ビルまでどれくらいかかりますか？
How long _____ ?

ヒント 「国連ビル」United Nations Building

④ この渋滞を避ける方法はありますか？
Is there _____ ?

ヒント 「方法」way ／「避ける」avoid ／「渋滞」traffic

⑤ 高速道路を使えますか？
Could you _____ ?

ヒント 「高速道路」freeway

トレーニングメニュー 4　会話力を高める

Taking a taxi

① **Could you take me to the airport?**

解説　一番簡単な言い方は、The airport, please.「空港をお願いします」、または To the airport, please.「空港までお願いします」というものです。Could you take me to ~?は、Can you ~?を丁寧にした言い方です。ほかに I'd like to go to ~「~へ行きたいのですが」と言うこともできます。

② **Would you open the trunk, please?　I have a large suitcase.**

解説　相手に何かを依頼するときに Will you ~?「~してくれますか？」と聞きますが、Would you ~?とすると、やや丁寧な言い方になります。the trunkと言わずに the backと言うこともできます。また、I have ~ .の代わりに There is a large suitcase.とも言えます。

③ **How long will it take to go to the United Nations Building?**

解説　この場合How long will it take ~?と、**willになっていることに気をつけましょう**。How long does it take ~?は「一般的に [普通は] どれくらいの時間がかかるか」ということを聞いているのに対し、**willを使用すると「今から目的地までどれくらいかかるか」という意味**になります。渋滞などで時間がはっきりしないときなど、運転手にこのように聞きます。

④ **Is there any way to avoid this traffic?**

解説　anyは疑問文で用いられると「何か」を意味します。例文の場合は way「方法」が何かありますか？と聞いています。to avoidは直前の wayを説明しています。このように**to不定詞**には**直前にある名詞の内容を説明する**という用法があります。

⑤ **Could you take the freeway?**

解説　「使う」とあるので useと思いがちですが、道路に関して言う場合は take「(道路など) を行く」を使います。takeという動詞は様々な使われ方をします。「信号を左 (の道) に行ってください」は Please take a left at the light.のようになります。アメリカでは、「**高速道路**」はほかに interstateや expresswayとも言います。

HOP 4-5

chapter 4

会話のトピックから話を展開させよう！

制限時間 1問1分

次の日本語を英語に直し、1分以内で声に出して言ってみよう。

～ 電車 ～

① 台風のため今朝、電車が遅れました。
The trains _____ .

ヒント 「遅らせる」delay ／「～のために」because of ～ ／「台風」typhoon

② 電車で座れたので、今朝は運がよかったです。
I was _____ .

ヒント 「運がいい」lucky ／「電車で」on the train

③ 電車は止まって20分ほど動きませんでした。
The train _____ .

ヒント 「止まる」stop ／「動く」move

④ 多くの人々が新宿駅で地下鉄に乗り換えるために降りました。
A lot _____ .

ヒント 「～に乗り換える」transfer to ～ ／「地下鉄」subway

⑤ 私も今朝は地下鉄で東京駅まで行きました。
I _____ .

ヒント 「(も) また」also ／「に乗っていく」take

トレーニングメニュー4　会話力を高める

The Train

① **The trains were delayed this morning because of the typhoon.**

解説　delayは「遅らせる」という他動詞なので、「電車は遅らせられた(were delayed)」と受け身の形にします。because of ~は「~が原因で」という意味です。よく Because of these reasons とする人がいますが、日本語にすると「これらの原因が原因で」のようになり、誤りです。because ofを使わずに、The trains were delayed by the typhoon this morning.と言うこともできます。

② **I was lucky this morning because I had a seat on the train.**

解説　sitという語を使うと、~ because I could sit in the train.となります。have a seatは直訳すると「席を持つ」で、つまり「**座る**」ということです。このほか I could get a seat.「席を取ることができた」と言うこともできます。

③ **The train stopped, and didn't move for about twenty minutes.**

解説　「電車は止まって」は、動詞stopを使って The train stopped.と言うほか、名詞の stopやhaltを使って、The train came to a stop [halt].のように言うこともできます。後者の言い方もよく使います。

④ **A lot of people got off at Shinjuku Station to transfer to the subway.**

解説　電車、バス、飛行機などを降りるときには get offと言いますが、**車は** get out of a carのように言うのが一般的です。乗る場合は**電車、バス、飛行機が** get on となり、**車は** get in となります(→Chapter 3-5-①)。to transferは「~するために」を意味する**to不定詞**です。また、「JRから地下鉄に乗り換える」とするなら、transfer from the JR Line to the subwayのように言います。

⑤ **I also took the subway to Tokyo Station this morning.**

解説　「(も)また」は、also 以外に tooや as wellなども同じ意味で使われます。tooや as wellが文末に来るのに対し、alsoは普通、**動詞の前**に来ます。ただし、**be動詞や助動詞**がある文では、**それらのあとに**置きます。

HOP 4-6

chapter 4 会話のトピックから話を展開させよう！

制限時間 1問1分

次の日本語を英語に直し、1分以内で声に出して言ってみよう。

～ 空港で ～

① 空港で早めにチェックインしたいのです。
I want _____.

ヒント 「チェックインする」check in

② 検問所で機内持ち込み用スーツケースを開けなければなりませんでした。
I had _____.

ヒント 「（機内）持ち込みの」carry-on ／ 「検問所」security checkpoint

③ 私はブランデー1本を申告しなければなりませんでした。
I had _____.

ヒント 「申告する」declare ／ 「ブランデー」brandy

④ 入国審査では長い列がありましたが、スムーズに流れました。
There was _____.

ヒント 「列」line ／ 「入国審査」immigration ／ 「すばやく、迅速に」quickly

⑤ ニューヨーク支店の人が到着ロビーで出迎えてくれました。
A person _____.

ヒント 「支店」branch office ／ 「～を出迎える」meet ／ 「到着ロビー」arrival lobby

トレーニングメニュー4　会話力を高める

At the Airport

① **I want to check in at the airport early.**

解説 check in「チェックインする」は、「(搭乗、宿泊) 手続きをする」という意味です。形容詞として使う場合は The check-in time is 2:00.「チェックイン時間は2時です」となり、間にハイフン(-)が入ります。earlyは「(予定より) 早く」という意味です。

② **I had to open up my carry-on suitcase at the security checkpoint.**

解説 have＋to不定詞「～しなければならない」の過去形で had to openになります。open upは「開けて広げる」という意味です。検問所で見せるために広げたということで使っています。単に「開ける」だけなら openとなります。at the security checkpoint「検問所で」の「で」は atになります。

③ **I had to declare a bottle of brandy.**

解説 ブランデーは「ブランデー１瓶」を言う場合は、a bottle of brandyと言い、「ブランデー１杯」なら、a brandyと言います。海外を旅行すると飛行場で税関職員が Do you have anything to declare?「申告物がありますか？」と尋ねてきます。何もない場合は No. Nothing.「何もありません」と言います。何かある場合は haveを使い、I have two bottles of perfume.「香水を2本持っています」などと言います。

④ **There was a long line at immigration, but it moved quickly.**

解説 immigrationは数えられない名詞なので、aや theはつきません。外国を訪れると、入国管理ゲートを通過し (go through the immigration gate←この theは the gateの theです)、入国管理官 (immigration officer) がパスポートを見せるように要請します。

⑤ **A person from our New York branch office met me in the arrivals lobby.**

解説 fromは「(所属や出身を表す) ～の」という意味です。「彼は空港に車で迎えに来てくれました」は He picked me up at the airport.となります。pick upは「車で迎えに行く」という意味です。「彼は空港で見送ってくれました」は、He saw me off at the airport.となります。

HOP 4-7

chapter 4 会話のトピックから話を展開させよう！

制限時間 1問1分

次の日本語を英語に直し、1分以内で声に出して言ってみよう。

～ 機内で ～

① 窓際の席をリクエストしたのですが、残っていませんでした。
I requested _____.

ヒント 「窓際の席」window seat ／「残る」left

② 頭上の荷棚がいっぱいだったので、私はスペースを探さなければなりませんでした。
The _____.

ヒント 「頭上の荷棚」overhead compartment ／「いっぱい」full ／「探す」look for

③ 激しい雷雨のために離陸が20分遅れました。
Takeoff _____.

ヒント 「を遅らせる」delay ／「激しい雷雨」thunderstorm

④ シートベルト着用サインが消えたとき、何人かの人が機内を動き回り始めました。
When the _____.

ヒント 「シートベルト着用サイン」fasten seat belt sign ／「動き回る」move around

⑤ その便の乗客のほとんどは映画を見るか、寝ていました。
Most of _____.

ヒント 「乗客」passenger ／「便」flight

トレーニングメニュー4　会話力を高める

On the plane

① I requested a window seat, but there were none left.

解説 window seat「窓際席」、aisle seat「通路側席」、middle seat「真ん中の席」は飛行機だけでなく電車などでも使われます。「残っていない」は There wasn't any left.とも言えます。また、noneは通常、**複数扱い**になりますので there was noneではなく there were noneとなります。

② The overhead compartment was full, so I had to look for a space.

解説 ここで使われている接続詞の soは、前の文の結果を受けて「それで〜」という意味になります。また、例文のような状況のとき Someone's bags were already in the overhead compartment.「誰かのかばんがすでに頭上の荷棚に入っていました」とも言えます。

③ Takeoff was delayed for twenty minutes because of a thunderstorm.

解説 forは「〜の間」という意味で、期間を表します。I stayed in New York for 2 weeks.「私はニューヨークに2週間滞在しました」。ちなみに「時間どおりに」は on time と言います。The flight was on time.「フライトは時間どおりでした」。

④ When the fasten seat belt sign was turned off, some people started moving around the cabin.

解説 turn offが「を消す」という意味で、サインは「消される」ので受身形was turned offとなります。この代わりに go off「消える」を使い When the fasten seat belt sign went off 〜とも言えます。「機内」はこの場合は「客室」を現す cabinを使います。moving around は to move around と言うこともできます。

⑤ Most of the passengers on the flight watched movies or slept.

解説 most of the passengersは「乗客の大部分」という意味で、mostは名詞として使われています。most passengersと言うと「**大部分の乗客**」という意味で、形容詞になります。両方ともほぼ同じ意味です。また、日本語の「客」という一言ですが、英語では、「**乗客**」a passenger、「**訪問客**」a visitor、「**招待客**」a guest、「**買い物客**」a customerのように使い分けます。

chapter 4

HOP 4-8 会話のトピックから話を展開させよう！

制限時間 1問1分

次の日本語を英語に直し、1分以内で声に出して言ってみよう。

〜 ホテルで 〜

① こんにちは。シングルの部屋を予約してあります。
Hi. I have _____.

ヒント 「予約」reservation ／「シングルの部屋」single room

② 6時にモーニングコールをお願いできますか？
Could you _____?

ヒント 「モーニングコール」wake-up call

③ かばんを運ぶのを手伝ってもらうのにボーイが必要です。
I need _____.

ヒント 「ボーイ」bellhop ／「人の〜を手伝う」help +人+ with 〜

④ エアコンの調子が悪いです。上に誰かを寄こしていただけますか？
There is _____. _____?

ヒント 「調子が悪い」wrong ／「エアコン」air conditioner ／「（人を）寄こす」send

⑤ どれくらい遅くまでルームサービスを頼めますか？
How _____?

ヒント 「遅く」late ／「頼む」order ／「ルームサービス」room service

At a hotel

① Hi. I have a reservation for a single room.

解説　reservationは部屋や席など、ある**空間を予約**する場合に使います。「〜の予約」は a reservation for 〜となります。歯医者や顧客など、**人との予約**は appointmentを使います。また、a single roomは、**roomを省いて** a singleのみで通用します。

② Could you give me a wake-up call at six?

解説　「私に電話をして」と言うときの**動詞は** giveを使います（Give me a call tomorrow.「明日、電話して」）。したがって、この場合も giveを使います。「モーニングコール」は英語では wake-up callと言います。

③ I need a bellhop to help me with my bags.

解説　「かばんを手伝う」というのは to help me carry my bags「かばんを運ぶのを手伝う」ということですが、この場合、「運ぶ」のはわかりきったことなので省略して言えます。「ベルボーイ」は今は bellhopと言い、bellboyは使いません。

④ There is something wrong with the air conditioner. Could you send someone up?

解説　機械などの「調子が悪い」は wrongを使いますが、このとき The air conditioner is wrong.と言うと「エアコンは間違っています」という意味になってしまいます。「〜の調子が悪い」は something wrong with 〜のように withのあとに機器名などを入れます。sendは「(人を)派遣する、使いに送る」という意味で使われています。

⑤ How late can I order room service?

解説　howは「how＋形容詞/副詞」で「どのくらい〜?」と程度を尋ねるときに使います。How long?「どれくらいの長さ?」、How fast?「どれくらいの早さ?」などです。この場合も「遅さ」の程度を尋ねているので How late 〜?となります。また、room serviceは数えられない名詞なので aや theはつきません。

chapter 4

HOP 4-9 会話のトピックから話を展開させよう！

制限時間 1問1分

次の日本語を英語に直し、1分以内で声に出して言ってみよう。

〜 家族 〜

① 私は結婚していて子どもが3人います。
I'm married _____.

ヒント 「子ども」kid

② 私は横浜に住んでいて、(私の家は) 球場からそれほど遠くありません。
I live _____.

ヒント 「それほど遠くない」not too far from 〜／「球場」stadium

③ 息子は中学生で、娘2人は小学生です。
My son _____.

ヒント 「中学校」junior high school ／「小学校」elementary school

④ 私の妻は週3日、簿記係の仕事をしています。
My wife _____.

ヒント 「3日」three days ／「簿記係」bookkeeper

⑤ 私の家族は、週末よく外食をします。
Our _____.

ヒント 「外食をする」go out to eat ／「週末」weekend

Family

① I'm married with three kids.

解説　I'm married and have three kids.とすることもできます。**kids**は、くだけた言い方です。kidsにはティーンエイジャーも含まれます。子どもたちが**ティーンエイジャーや大人**の場合は一般的に、**children**ではなく、**kids**が使われます。

② I live in Yokohama, not too far from the stadium.

解説　会話ならこれでいいのですが、こうした語の省略は慣れていないと難しいかもしれません。省略しない場合はI live in Yokohama, and my house is not too far from the stadium.と言えます。**not**は too far from the stadiumを否定しています。**not**は**否定する語や句、節の直前**に置きます。

③ My son is in junior high school and my two daughters are in elementary school.

解説　My son is a junior high school student and ～のように言うこともできます。「長男」は my/the oldest (son)、「末っ子（娘）」は my/the youngest (daughter) のように言います。3人兄弟の**真ん中**は the middle (son)と言ったり the second (daughter)のように**順番を言ったり**します。

④ My wife works three days a week as a bookkeeper.

解説　as ~ 「~として」はとても便利な表現で、例えば as a waitress「ウエートレスとして」、as a clerk「店員［事務員］として」など自分の職業を端的に表すことができます。「週3日」は three days a weekと言います。「週に~日［度、回］」という場合は a weekの前に inはつけません。

⑤ Our family often goes out to eat on weekends.

解説　「外食する」は go out to eatのほかに eat out「外で食べる」などの言い方があります。goを使った表現でよく使うものに go shopping「買い物に行く」、go to the movies「映画（を見）に行く」、go on a picnic「ピクニックに行く」などがあります。「週末に」はアメリカでは on weekendsでイギリスでは at weekendsと言います。

HOP 4-10 会話のトピックから話を展開させよう！

制限時間 1問1分

次の日本語を英語に直し、1分以内で声に出して言ってみよう。

〜 買い物 〜

① これを試着してもいいですか？
May I _____ ?

ヒント「試着する」try on

② これでもっと大きいサイズがありますか？
Do you _____ ?

ヒント「もっと大きいサイズ」larger size

③ これをください。カードでもいいですか？
I'll _____ . _____ ?

ヒント「カードで支払う」charge

④ すみません、家電製品はどこで見つけられますか？
Excuse me, _____ ?

ヒント「家電製品」electrical appliances

⑤ このデジカメは高すぎます。もっと安いのはありませんか？
This _____ . _____ ?

ヒント「デジカメ」digital camera ／「高い」expensive ／「もっと安いの」cheaper one

Shopping

① May I try this on?

解説 tryは「試す」という意味で、try onは「試着する」となりますが、このときput onと言わないでください。put onは実際に「着る」ことになってしまいます。try onは try this coat onと言っても、try on this coatと言っても間違いではありませんが、**代名詞(it、this、these、themなど)が来るときは必ず try と onの間**に来ます。

② Do you have this in a larger size?

解説 largerは large の比較級で「～より大きい」という意味になります。「今見ているのより大きい」ということです。in a smaller size「より小さいサイズ」、in a different style「違ったスタイル」、in red「赤の」など、**inを使って様々に表現**することができます。

③ I'll take this. Can I charge it?

解説 takeという動詞はとても広く使われます。ここで使われているのは「(いくつかの中から) 選び取る、(選んで) 買う」という意味です。「カードで支払うことができますか？」はほかに Do you accept credit cards?と聞くことができます。ちなみに「お支払いは現金ですか、それともカードですか？」は How will you pay, cash or charge?となります。

④ Excuse me, where can I find electrical appliances?

解説 「～はどこにありますか？」と、「物のある場所」を聞くとき、英語ではよく例文のように Where can I find ～?「～はどこで見つけられますか？」のように言います。Where can I find the bank?「銀行はどこですか？」

⑤ This digital camera is too expensive. Do you have a cheaper one?

解説 cheaperは、前の文にある高いデジカメと比較して「より安い」を意味します。oneは digital cameraを指します。**one は前の文に出てきたものと同種類のものを言うときに繰り返しを避けるために使います。**

HOP 4-11

chapter 4

会話のトピックから話を展開させよう！

制限時間 1問1分

次の日本語を英語に直し、1分以内で声に出して言ってみよう。

〜 レストランで 〜

① ご注文よろしいですか？
Are you _____ ?

ヒント 「注文する」order

② 今日のお勧め料理は何ですか？
What's the _____ ?

ヒント 「お勧め料理」special

③ 私はミディアムレアステーキにします。
I'll _____ .

ヒント 「〜にする」have ／「ミディアムレア」medium-rare

④ フライドポテト、ベークドポテト、ライスのどれかを一緒に添えますか？
Would you _____ ?

ヒント 「フライドポテト」French fries ／「一緒に」with

⑤ これを分けて食べるので、余分なお皿を1枚持ってきていただけますか？
We're going to _____ ?

ヒント 「分ける」split ／「余分な」extra ／「お皿」plate

In a restaurant

① Are you ready to order?

解説 readyは「準備ができている」という意味です。あとに**動詞が来る場合**は、「ready＋to不定詞」で表現します。また**名詞が来るとき**はI'm ready for the test.「私はテストの準備ができています」のように**for**を伴います。

② What's the special of the day?

解説 例文のほかに**What's today's special?**とも言います。レストランでこのように聞くことでメニューに書かれていない料理を見つけることができるかもしれません。このとき、What's on special? と言うと「割引品は何ですか？」という意味になってしまうので注意しましょう。**on special**は on sale と同じ「**特価で**」という意味です。

③ I'll have the steak, medium-rare please.

解説 ステーキの焼き具合は rare「レア」、medium-rare「ミディアムレア」、medium「ミディアム」、well-done「ウェルダン」があります。この4語は、焼き具合を表す言葉で、例文は I'll have the steak grilled medium-rare. の grilled「～に焼かれた」が省略されています。また rare steak や medium-rare steakという言い方もできます。

④ Would you like French fries, a baked potato or rice with that?

解説 「ベークドポテトをお願いします」は I'd like a baked potato, please. となります。would like「～が欲しい、～がしたい」は wantの丁寧な言い方です。英語では家族間や、ごく親しい人以外の人に、「～が欲しい」という場合は、まず、この would like を使います。

⑤ We're going to split this, so could you bring an extra plate?

解説 be going to ～は「～するつもりだ」と言うときに使います。splitは「**勘定を分ける**」ときにも split the checkのように使います。

chapter 4

HOP 4-12 会話のトピックから話を展開させよう！

制限時間 1問1分

次の日本語を英語に直し、1分以内で声に出して言ってみよう。

～ 映画 ～

① 今、とても見たい映画が上映されています。
The movie _____.

ヒント 「とても」really／「上映される」play

② このところとても忙しかったので、長い間、映画に行っていません。
I haven't _____ recently.

ヒント 「映画」movies／「長い間」in a long time／「忙しい」busy

③ 今週末はDVDを何本か借りて家で過ごさない？
Why _____?

ヒント 「借りる、レンタルする」rent／「いくつか」some／「(家に) いる」stay

④ DVDを見ることは、劇場で映画を見ることと同じではありません。
Watching _____.

ヒント 「～と同じ」the same as ～／「劇場」theater

⑤ 私はハリーポッターの映画すべてをそれぞれ3回見ました。
I've _____.

ヒント 「すべて」all／「ハリーポッター」Harry Potter／「それぞれ3回」three times each

トレーニングメニュー4　会話力を高める

Movies

① **The movie I really want to see is playing now.**

解説 movieとIの間には本来、that があり movieを that以下が説明しています。この thatはしばしば省略されます。「見る」は seeのほかに watchや look atがあります。seeは「（自然と目に入るものを）見る」、watchは「（意識を集中させて）見る」、look atは「（対象物のほうへ目を向けて）見る」を表します。

② **I haven't been to the movies in a long time because I've been so busy recently.**

解説 現在完了形を使った表現です。過去から今に至るまでの時間の幅を言うときに使います。例文のほか、I haven't gone to the movies recently.と言うこともできます。soは veryにすることもできます。

③ **Why don't we rent some DVDs this weekend and stay home?**

解説 「借りる」には rentのほかに borrow という単語があります。「お金を支払って借りる」のが rentです。図書館では rentは使いません。borrowを使います。日本語では「何本」「何個」「何冊」のように物によって言い方が変わりますが、英語ではこれらはすべて someで言えます。

④ **Watching a DVD is not the same as seeing a movie in a theater.**

解説 例文のように watchや seeに -ingをつけると、「見る」という動詞が「見ること」という名詞の意味になります。a DVD と a movieは DVDs、moviesと複数形で言うこともできます。

⑤ **I've watched all of the Harry Potter movies three times each.**

解説 all of ～は all ～でも言えます。each は前に数を表す語句を入れて「それぞれ～」を表します。two each「それぞれ2個[枚、冊…]」、5 pieces each「それぞれ5枚」など。回数を表す表現としてはほかに、「1回」once、「2回」twiceあるいは two times、「何回も」many timesまたは a lot of times、「数回」several timesが挙げられます。

chapter 4

HOP 4-13 会話のトピックから話を展開させよう！

制限時間 1問1分

次の日本語を英語に直し、1分以内で声に出して言ってみよう。

〜 スポーツ番組を見る 〜

① ワールドカップサッカーを見ていて、朝の2時まで起きていました。
I was watching _____.

ヒント「ワールドカップサッカー」World Cup soccer ／「起きている」stay up

② そのようなスポーツ番組は録画をして、あとで見るべきです。
You should _____.

ヒント「録画する」record ／「そのような」those kinds of ／「番組」program

③ スタジアムはサッカーファンでいっぱいでした。
The stadium _____.

ヒント「〜でいっぱい」be filled with ／「ファン」fan

④ 私はまた、オリンピックを見て楽しみます。
I also _____.

ヒント「楽しむ」enjoy ／「オリンピック」the Olympic Games

⑤ 私の一番好きなオリンピックの種目は体操で、水泳がその次です。
My favorite _____.

ヒント「オリンピックの種目」Olympic sport ／「体操」gymnastics ／「〜があとに続く」be followed by 〜

Watching sports on TV

① **I was watching World Cup soccer and stayed up until two in the morning.**

解説 stay upとは「(寝ないで)起きている」状態です。sit upも同じ意味です。wake upは「(寝ている状態から)目が覚める」という意味で、「夜遅くまで起きている」と言うときには使えません。同じくget upは「起き上がる」という意味でベッドなどから出て、起きることを言います。

② **You should record those kinds of sports programs and watch them later.**

解説 shouldは「〜すべきである」という意味の助動詞です。sportはsportsと最後に -s をつけると形容詞になり、「スポーツの」という意味になります。sports car「スポーツカー」やsports day「運動会」も形容詞です。名詞sportの複数形もsportsとなります。

③ **The stadium was filled with soccer fans.**

解説 be filled with 〜「〜でいっぱいである」は be full of 〜に置き換えられます。fanという言葉はfanatic「狂信的な」に由来しています。「私は映画ファンです」は、I am a movie fan.とも、「映画をよく見に行く人」という意味で、I am a moviegoer.と言うこともあります。

④ **I also enjoy watching the Olympic Games.**

解説 also は「〜(も)また」という意味です。enjoyは enjoy + -ing (動名詞) で使われ、enjoy + to 不定詞にはなりません。オリンピックは the Olympics または the Olympic Games となります。-sがつくのは様々な競技が含まれるからです。そして、the Olympicsは普通、単数(is/was)で受けます。the Olympic Gamesは複数(are/were)で受けます。

⑤ **My favorite Olympic sport is gymnastics, followed by swimming.**

解説 favoriteは「最も好きな」という意味で、この語自体に最上級的な意味があるので、mostはつけません。gymnasticsは単数でも複数でも必ず -s をつけて使います。followed の前に that is が省略されています。gymnastics that is followed by swimmingは直訳すると「水泳があとに続く体操」ということになります。

chapter 4

HOP 4-14 会話のトピックから話を展開させよう！

制限時間 1問1分

次の日本語を英語に直し、1分以内で声に出して言ってみよう。

～ バーベキューをする ～

① 焼き網を準備してくれれば、車から肉と野菜を取ってきます。
If you _____ .

ヒント 「準備する」set up ／「焼き網」grill ／「取る」get

② 肉を焦がさないようにしてください。
Don't let _____ .

ヒント 「焦がす」burn

③ グリルにもう少し野菜をのせましょう。
Let's put _____ .

ヒント 「野菜」vegetable

④ クーラーボックスにビールがたくさんありますから、どうぞ自由に取って飲んでください。
There is _____ .

ヒント 「クーラーボックス」cooler ／「自由に取って飲む[食べる]」help yourself

⑤ 肉はなくなりそうですが、まだたくさんの魚があります。
We are _____ .

ヒント 「なくなる」run out ／「まだ」still

トレーニングメニュー4　会話力を高める

Let's have a barbecue

① **If you set up the grill, I'll get the meat and vegetables out of the car.**

解説　バーベキューでは、grill「焼き網」、tent「テント」、picnic table「ピクニックテーブル」などを準備します。この場合のset upは「すえつける、組み立てる」という意味です。out of はfromでも言えます。この場合、meat「肉」は数えられない名詞でmeatsとはしません。

② **Don't let the meat burn.**

解説　Don't burn the meat.と言うと、直接的で強い命令になりますが、Don't let＋物＋原形動詞にすると「…を～しないようにしてください」と、命令の強い意味合いはなくなります。letの場合、「let＋目的語（the meat）＋動詞の原形（burn）」のように目的語のあとの動詞は必ず原形になります。

③ **Let's put some more vegetables on the grill.**

解説　Let's は Let usの短縮形で「～しよう」というカジュアルな表現です。Shall we add some vegetables?「ちょっと野菜を加えましょうか？」と言えば、やや丁寧な言い方になります。

④ **There is a lot of beer in the cooler, so please help yourself.**

解説　a lot of「たくさんの」は lots of も同じ意味です。There is/areの単数・複数のどちらになるかは、そのあとに来る名詞が単数形か、複数形かによります。beerは数えられない名詞で、単数扱いになりますので、動詞はisになります。Help yourself.は「何でも好きなものを取って食べて「飲んで」ね」と言う場合に使います。Help yourself to anything in the cooler.「クーラーボックスにある食べ物でも飲み物で何でも好きに取ってください」

⑤ **We are running out of meat, but we still have plenty of fish.**

解説　run out of ～は「使い切って、もうない」という意味ですが、We are running out of ～と現在進行形にすると、「なくなりそうだ」となり、まだ少し残っていることになります。stillは通常、一般動詞の前に来ます。plenty of ～は「たくさんの～」という意味で a lot ofと置き換えられます。fishは単数形も複数形も fishです。

HOP 4-15

chapter 4 会話のトピックから話を展開させよう！

制限時間 1問1分

次の日本語を英語に直し、1分以内で声に出して言ってみよう。

〜 結婚 〜

① 姉は来月、結婚します。
My sister _____.

ヒント 「結婚する」get married

② 彼らは式と披露宴をホテルで行う予定です。
They are _____.

ヒント 「〜する予定である」plan to ／ 「式」ceremony ／ 「披露宴」reception

③ 結婚式は大阪にある教会で行われます。
The wedding _____.

ヒント 「行う」hold ／ 「(小さな)教会」chapel

④ 私は新郎新婦に結婚祝いとしてワイングラスセットをあげるつもりです。
I will _____.

ヒント 「新郎新婦」bride and groom ／ 「結婚祝いとして」as a wedding gift

⑤ 皆が2人の幸せを願って乾杯をしました。
Everyone _____.

ヒント 「〜に乾杯する」make a toast to 〜 ／ 「2人」couple

Getting married

① My sister is getting married next month.

解説 「〜と結婚する」は「get married to[with]＋人」と「marry＋人」の2つの言い方があります。例文の is getting married のように、現在進行形は近い将来の予定を言うときにも使われます。

② They are planning to have the ceremony and reception at a hotel.

解説 「結婚式を挙げる」は have a wedding ceremony や hold a wedding ceremony と言います。marriage ceremony は誤りです。plan＋to 不定詞は「〜を計画している、〜を予定している」という意味ですが、構想の段階であることを示唆しています。

③ The wedding is going to be held in a chapel in Osaka.

解説 be going to は将来の予定を言うときに使い、この場合は will も使えます。例文は「行われる」という受け身なので be held（hold の過去分詞形）になります。アメリカでは結婚式に出席するということは、式と披露宴の両方に行くことが了解事項となっています。日本では「教会」のことを「チャペル」と呼ぶ人がいますが、英語の chapel は小さな教会、または礼拝堂を言います。

④ I will give the bride and groom a set of wine glasses as a wedding gift.

解説 「人に物をあげる」は「give＋人＋物」または「give＋物＋to＋人」の2通りの言い方があります。例文のように「物」が a set of 〜と長い場合は前者の言い方になります。一般的にアメリカの結婚式でお金をあげることはありません。代わりにプレゼントをあげます。

⑤ Everyone made a toast to the couple's happiness.

解説 乾杯はパーティーを通して何回も色々な人によってされます。乾杯の決まり文句としては I propose a toast to the bride and groom's happiness.「新郎新婦の幸せに対して乾杯を提案します」や I wish you a long and happy life together.「一緒に末永く幸せな人生を送るよう祈ります」などがあります。

HOP 4-16 会話のトピックから話を展開させよう！

chapter 4

制限時間 1問1分

次の日本語を英語に直し、1分以内で声に出して言ってみよう。

～ お誕生日 ～

① 来週、私は誕生日を祝います。
I'm going _____ .

ヒント 「祝う」celebrate

② 『ハッピーバースデーの歌』は世界で最も人気のある歌の1つです。
Happy Birthday to You is _____ .

ヒント 「人気のある」popular

③ 願いごとをして、誕生日ケーキのロウソクを吹き消してください。
Make a _____ .

ヒント 「願いごと」wish ／ 「吹き消す」blow out ／ 「ロウソク」candle

④ 素敵なプレゼントをありがとう。
Thank you _____ .

ヒント 「素敵な」lovely

⑤ 来年は、彼のためにサプライズ・誕生日パーティーをやりましょう。
Let's throw _____ .

ヒント 「サプライズ、驚き」surprise

トレーニングメニュー4　**会話力を高める**

Birthday

① **I'm going to celebrate my birthday next week.**

解説　be going to は will に置き換えることもできます。celebrate「祝う」の名詞形は celebration「お祝い」になります。「来週、誕生日のパーティーを開きます」なら、I'm going to have [throw] a birthday party next week.

② ***Happy Birthday to You* is one of the most popular songs in the world.**

解説　「〜の1つ」は one of 〜となりますが、このとき〜に入る語は必ず複数形になります。Happy Birthday to You!「お誕生日おめでとう！」は世界で最も使われている英語表現の1つかもしれません。

③ **Make a wish and blow out the candles on your birthday cake.**

解説　Make a wish は「願いごとをしなさい」という**命令形**です。ろうそくを吹き消したあとに What did you wish for?「何をお願いしましたか？」と聞いたりします。

④ **Thank you for your lovely present.**

解説　何かに対して**お礼を言うときは** Thank you for 〜のように for をあとにつけます。プレゼントをもらったときのほかの表現として、What a thoughtful gift!「なんて気持ちのこもった贈り物でしょう！」、That's so nice of you.「あなたはとってもいい人ですね」などと言います。もちろん、心をこめた Thank you!「ありがとう」を言うのは当然です。

⑤ **Let's throw a surprise birthday party for him next year.**

解説　throw a party「パーティーを催す」は have a party でも同じ意味です。surprise party「サプライズ・パーティー」は主賓に知らせずに**不意打ちで行うパーティーのこと**です。真っ暗な部屋に帰ってきて、電気をつけたら突然クラッカーが鳴り響き、シャンパンを開ける音がして友人たちの Happy Birthday! の声が響く、という具合です。

chapter 4

HOP 4-17 会話のトピックから話を展開させよう！

制限時間 1問1分

次の日本語を英語に直し、1分以内で声に出して言ってみよう。

〜 音楽 〜

① ふだん、どういった音楽を聞きますか？
What kind _____?

ヒント 「ふだん」usually ／ 「聞く」listen

② 私はあらゆる種類の音楽を楽しんで聞きますが、お気に入りはジャズです。
I enjoy _____.

ヒント 「あらゆる種類の」all kinds of ／ 「お気に入り」favorite

③ 父は学生時代にビートルズのコンサートに行きました。
My father _____.

ヒント 「コンサート」concert

④ 弟は音楽家になりたがっています。
My younger _____.

ヒント 「音楽家」musician

⑤ 私は、ふだんJポップを聞きますが、ヒップホップも好きです。
I usually _____.

ヒント 「Jポップ」popular Japanese music ／ 「ヒップホップ」hip hop

トレーニングメニュー4 会話力を高める

Music

① **What kind of music do you usually listen to?**

解説 kindは「種類」という意味で What kind of 〜?は「どういう種類の〜？」という意味です。「音楽を聞く」は listen to musicと toをつけて使います。例文に対する答えとしては I usually listen to rock [pop, classical music, country-western, hip hop, reggae].「私はふだん、ロック [ポップ, クラッシック, カントリーミュージック, ヒップホップ, レゲエ] を聞きます」となります。

② **I enjoy listening to all kinds of music, but my favorite is jazz.**

解説 enjoyは enjoy＋-ing（動名詞）の形で「〜することを楽しむ」という意味で使われます。この言い方も覚えておくと会話にバリエーションが出てきます。ここで使われている favoriteは名詞で「お気に入り、大好きなもの」という意味です。

③ **My father went to a Beatles concert when he was a student.**

解説 「〜のコンサート」は例文のように、Beatles「ビートルズ」を形容詞として使い、concertを修飾する形で表します。例えば「福山雅治のコンサート」なら a Fukuyama Masaharu concertと言えます。「〜である（する）とき」は whenを使って言い表します。

④ **My younger brother wants to become a musician.**

解説 want to become 〜「〜になりたい」は want to be 〜でも同じ意味になります。弟は little brother とも言います。「画家」は painter、「作曲家」は composer、「作詞家」は songwriter、「映画監督」は film director、「舞台監督」は stage director、「野球の監督」は baseball managerと言います。

⑤ **I usually listen to popular Japanese music, but I also like hip hop.**

解説 hip hopには音楽のジャンル以外に「**ヒップホップ文化**（アフリカ系アメリカ人を中心としたラップ音楽、ブレークダンス、落書きアートなど）」という意味があります。J-popという英語はありません。

chapter 4

HOP 4-18 会話のトピックから話を展開させよう！

制限時間 1問1分

次の日本語を英語に直し、1分以内で声に出して言ってみよう。

～ コンピューター ～

① その会社は、小型というだけでなく、とても軽いコンピューターを売り出し始めました。
The company _____.

ヒント 「始める」start ／「売る」sell

② 私の息子は音楽や映画をインターネットからダウンロードすることが好きです。
My son _____.

ヒント 「ダウンロードする」download

③ 今は家にワイヤレスモデムがあるので、誰もがインターネットを簡単に使えます。
We have _____.

ヒント 「ワイヤレスモデム」wireless modem ／「簡単に」easily

④ あなたのすべての重要なファイルはバックアップする必要があります。
It's _____.

ヒント 「必要な」necessary ／「バックアップする」back up

⑤ ブログを更新するのに1時間近くかかりました。
It took _____.

ヒント 「更新する」update ／「ブログ」blog

トレーニングメニュー4　会話力を高める

Computers

① The company started selling not only small, but also very light computers.

解説　「〜し始める」は「start＋-ing」または「start＋to不定詞」を使います。not only A but (also) Bは「AだけでなくBも」という意味です。

② My son likes to download music and movies from the Internet.

解説　Internetは the をつけて I を大文字にします。downloadは「ダウンロードする」という動詞として使うことが多い語ですが、music downloads「ダウンロードされた音楽ファイル」のように名詞として使うこともできます。このほか、コンピューター関連表現として delete files「ファイルを削除する」、send an attachment「添付書類を送付する」、transfer a file「ファイルを転送する」などは覚えておくと便利です。

③ We have a wireless modem at home now, so everyone can easily use the Internet.

解説　easilyは「簡単に」という意味の副詞でuseを修飾しています。soは「〜だから」という意味で、「原因を表す一文＋so＋結果を言う一文」が来ます。soは「主語＋述語動詞」のある完全な文章しかつなぐことができません。

④ It's necessary to back up all your important files.

解説　例文は一般的な事実を言っていますのでyourは「あなたの」ではなくばくぜんと「人」を指します。back upは動詞ですがbackupは名詞、形容詞になります。make a backup「バックアップを作る」（名詞）、backup plan「予備のプラン」（形容詞）。

⑤ It took me nearly an hour to update my blog.

解説　take＋人＋時間＋to不定詞は「人にとって〜するのに…時間かかる」という意味です。「ブログを書く」「ブログを読む」はそれぞれ、write my blog、read someone's blogのように言います。

HOP 4-19

会話のトピックから話を展開させよう！

制限時間 1問1分

次の日本語を英語に直し、1分以内で声に出して言ってみよう。

〜 車 〜

① 来年、新しい車を買おうと思っています。
I'm thinking _____.

ヒント 「を買う」get

② 私のアメリカ人の友達は日本製のカーナビに感銘を受けました。
My American _____.

ヒント 「〜に感銘を受ける」be impressed with 〜 ／ 「カーナビ」car navigation system

③ 四輪駆動の車を持てたらいいなと思います。
It would _____.

ヒント 「いい」nice ／ 「四輪駆動」four-wheel drive

④ この車にはいいカーステレオがついています。
This car _____.

ヒント 「〜がついて来る」come with 〜 ／ 「カーステレオ」music system

⑤ 息子は運転免許を取得したばかりです。
My son _____.

ヒント 「運転免許証」driver's license

Cars

① **I'm thinking of getting a new car next year.**

解説 I'm thinking of+-ingは「〜しようと思っている」という意味です。getting は buyingに置き換えることができます。

② **My American friend was impressed with my Japanese-made car navigation system.**

解説 withは byに置き換えることができます。I'm impressed by your driving skills.「私はあなたの運転技術に感心しています」。「日本製の〜」は、a **Japanese-made** digital cameraのように言うこともあれば、a **Japanese** digital cameraと言うことも、a digital camera **made in Japan** のようにも言えます。

③ **It would be nice to have a car with four-wheel drive.**

解説 It would be nice +to不定詞は「〜できたらいいな」という**願望を表す**言い方です。wishを使って言うと、I wish I could have a car with four-wheel drive.と wishのあとの助動詞を過去形にします。これは実現することが非常に困難な場合の言い方になります。hopeを使えば、I hope I can have 〜と助動詞は現在形にして使います。「**四輪駆動車**」は a four-wheel drive carとも言えます。

④ **This car comes with a nice music system.**

解説 come with 〜は「〜がついて来る」という意味で、オプションではなく標準装備されているということです。「カーステレオ」は car stereoという英語もあるのですが、最近の会話では言葉が古めかしくなっており、あまり使いません。

⑤ **My son just got his driver's license.**

解説 just が入ることで「〜したばかり」という意味になります。完了形を使って He has just got his driver's license.としてもよいでしょう。**paper driver「ペーパードライバー」は和製英語**で、日本でしか通用しません。「私はペーパードライバーです」は、I have a driver's license, but actually I don't drive.のように言います。

chapter 4

HOP 4-20 会話のトピックから話を展開させよう！

制限時間 1問1分

次の日本語を英語に直し、1分以内で声に出して言ってみよう。

～ ペット ～

① 姉はペットを2匹飼っています。アキという名前の犬とハッピーという名前の猫です。
My sister _____.

ヒント 「名づけられた」named

② 彼女は、犬を散歩に連れて行くために毎朝早く起床します。
She wakes _____.

ヒント 「早く」early ／「散歩に」for a walk

③ 彼女の猫と犬はとても仲良くしています。
Her _____.

ヒント 「仲がよい、気が合う」get along

④ 犬を飼えればと思いますが、私のアパートではペットを飼うことが許されていません。
I wish _____.

ヒント 「許す」allow

⑤ 私の大好きな犬の種類は、ビーグル犬です。
My _____.

ヒント 「大好きな」favorite ／「ビーグル犬」beagle

Pets

① My sister has two pets: a dog named Aki and a cat named Happy.

解説 「飼う」は have または keepを使います。犬や猫以外のペットとして、guinea pig「モルモット」、hamster「ハムスター」、rabbit「ウサギ」、turtle「亀」、bird「鳥」などがいます。

② She wakes up early every morning to take her dog for a walk.

解説 「起きる」は wake upのほかに get upとも言います。ただし、少し意味が異なります。wake upは「目を覚ます」、get upは「起床する」という意味でベッドから抜け出すことを表します。「～を散歩に連れて行く」は take ～ for a walkとなります。「散歩に行く」は go for a walkです。

③ Her cat and dog get along well.

解説 wellをつけることで、「とても仲がよい、よく気が合う」という意味になります。日本語で犬猿の仲というのがありますが、英語では似たような意味で They fight like cats and dogs.「彼らは、犬猫のように喧嘩する」という表現があります。

④ I wish I could have a dog but my apartment doesn't allow pets.

解説 「現在、できないこと」を「～できたらいいな」と言うときは I wish I could ～．という言い方になります。このとき canではなく couldになることに気をつけましょう。できる可能性があり「(できるか、できないかわからないけれど) ～できたらいいな」と言うときは hopeを使い I hope I can ～．となります。my apartment ～は pets are not allowed in my apartmentのように受身形にすることもできます。

⑤ My favorite kind of dog is a beagle.

解説 「～の種類」は kind of ～と of を伴って使います。犬の種類は It's a mixed-breed.「雑種です」、I have a Labrador/poodle.「私は、ラブラドール[プードル]を飼っています」のように言います。ちなみに shibainu「柴犬」は英語でもそのまま使われており、主流ではありませんが最近では欧米でも飼われるようになってきています。

STEP 4-21

chapter 4

会話のトピックにまつわることを言ってみよう！

制限時間 1問1分

次の日本語を英語に直し、1分以内で声に出して言ってみよう。

〜 天気 〜

① 今日は一日中晴れで、暑くなるでしょう。
It will _____.

ヒント 「晴れ」sunny ／「一日中」all day long

② 私は今日の午後の大雨にぬれてしまいました。
I _____.

ヒント 「ぬれる」get wet ／「大雨」heavy rain

③ 曇ってきています。今晩、雨が降らないといいのですが。
It's _____. _____.

ヒント 「曇りの」cloudy ／「〜と願う」hope

④ 天気予報は雪を予測しています。
The _____.

ヒント 「天気予報」the weather forecast ／「予測する」predict

⑤ 台風が近づいてきているため、風が出てきて、じめじめしてきました。
Because _____.

ヒント 「台風」typhoon ／「近づく」approach ／「風の強い」windy ／「じめじめする」humid

トレーニングメニュー 4　会話力を高める

The weather

① It will be hot and sunny all day long today.

解説　天気は It を使って表します。日本語では「晴れて暑い 1 日」という順番が普通ですが、英語では hot and sunny all day long のような言い方もします。sunny and hot all day long でもかまいません。「**外は暑い**」は It's hot outside. それに対して It's nice and cool. だと「**涼しくて気持ちがいい**」となります。

② I got wet in the heavy rain this afternoon.

解説　get は後ろに形容詞が来て「〜になる」という意味があります。get cold「**寒くなる**」、get warm「**暖かくなる**」。got wet with は got wet from と言うこともできます。「**今日は雨です**」は It's a rainy day today. や It is raining today. のように言います。

③ It's getting cloudy. I hope it won't rain this evening.

解説　この get も「〜になる」という意味です。hope と it の間の that が省略されています。この that は、あとに続く一文を「〜ということ」という意味にします。「**今日は曇りです**」は It's cloudy today. となります。It's a gloomy day. は「**どんよりしています**」です。

④ The weather forecast predicts snow.

解説　forecast は「**予想、予測**」という意味です。「**天気予報**」は the weather forecast と言いますが、What's today's forecast?「**今日の予報は何ですか？**」のように、特に weather を言わなくても通じます。「雪」のほかに「**吹雪**」snowstorm、「**ひょう、あられ**」hail、「**みぞれ**」sleet、「**冷たい雨**」icy rain などの言い方があります。

⑤ Because the typhoon is approaching, it's getting windy and humid.

解説　Because は文頭に来るときには、最初の文の終わりにコンマを入れます。We expect a typhoon.「**台風が来そうだ**」、The storm took me by surprise.「**急な暴風雨でビックリした**」などの表現があります。

STEP 4-22

会話のトピックにまつわることを言ってみよう！

次の日本語を英語に直し、1分以内で声に出して言ってみよう。

制限時間 1問1分

～ 道をたずねる ～

① すみません、一番近い駅はどこですか？
Excuse me, _____?

ヒント 「一番近い駅」the nearest station

② 次の信号で右に曲がってください。そうすれば見つけられます。
Please _____.

ヒント 「曲がる」turn ／ 「信号」light

③ この近くに郵便局がありますか？
Is there _____?

ヒント 「郵便局」post office ／ 「近くに」near

④ 銀行はこの通りを行ったところの左にあります。
The _____.

ヒント 「〜を行ったところに」down ／ 「通り」street

⑤ 駐車場がどこにあるか知っていますか？
Do you _____?

ヒント 「駐車場」parking lot

トレーニングメニュー4　会話力を高める

Asking for directions

① **Excuse me, but where is the nearest station?**

解説　Excuse me.は「ちょっとよろしいですか？」と誰かの注意を引きつけるときに使い I'm sorry.のような**謝罪の意味はありません**。続く butはしばしば省略されます。「～はどこですか？」はほかに「Where can I find＋場所？」や「How can I get to＋場所？」を使って言うこともできます。

② **Please turn right at the next light and you can find it.**

解説　turn rightは turn to the rightとも言えます。「次の信号で」は「～で」という意味の atを使い、at the next lightとなります。at the park「公園で」、at the convenience store「コンビニで」などのようになります。また、andは例文のように**命令文のあとで使うと、「そうすれば」**という意味になります。

③ **Is there a post office near here?**

解説　near here「この近くで」は around hereとも言えます。また、「～がありますか？」は There is ～の疑問文 Is there ～?を使いますが、このとき探している郵便局は１つなので aがつきます。英語では、**数えられる名詞は常に単数なのか複数なのかを意識**し、冠詞をつけたり、つけなかったりします。

④ **The bank is down this street on the left.**

解説　downは「～を下って」という意味以外に例文のように「**(話し手から) 離れて、(近くから) 遠くへ**」という意味があります。この場合、坂になっている道を下るという意味はありません。

⑤ **Do you know where the parking lot is?**

解説　例文は Do you know?と Where is the parking lot?という**２つの文が１つになった文**です。このような場合、whereで始まる文の語順は where the parking lot isのように「**主語＋動詞**」となることに気をつけましょう。また Do you know the way to＋場所？「～への行き方を知っていますか？」のように聞くこともできます。

171

STEP 4-23

chapter 4

会話のトピックにまつわることを言ってみよう！

制限時間 1問1分

次の日本語を英語に直し、1分以内で声に出して言ってみよう。

〜 電話をかける 〜

① もしもし、ケンですが、ボブさんはいますか？
Hi, _____ ?

ヒント 「ケンです」 this is Ken (speaking)

② ロバート・ジョーンズさんとお話できますか？
May I please _____ ?

ヒント 「〜と話す」 speak to 〜

③ 私は東京から香港までのフライトについて知りたくて、電話をしています。
I'm calling _____ .

ヒント 「について知る」 find out about ／「フライト」 flight

④ すみません、お宅の語学学校についてちょっとおうかがいしたいのですが。
Hi. I'd _____ .

ヒント 「情報を得る」 get information ／「語学学校」 language school

⑤ スミスさんに私は会議に遅れるとお伝え願えますか？
Could you _____ ?

ヒント 「伝える」 tell ／「〜に遅れて」 late for 〜／「会議」 meeting

トレーニングメニュー 4　会話力を高める

Making phone calls

① **Hi, this is Ken. Is Bob there?**

解説　この言い方は親しいもの同士や知り合いの間で使われる、**最も一般的な言い方**です。少しフォーマルな言い方では Hello, this is Ken Suzuki speaking. Is Mr. Smith there?「もしもし、鈴木ケンと申しますが、スミスさんはいらっしゃいますか」と言います。

② **May I please speak to Robert Jones?**

解説　May I please speak to ～?「～さんとお話できますか?」は電話での呼び出し方としては**かなり丁寧な言い方**です。自分を名乗る言い方としては Hello, this is Ken Suzuki of XYZ Company.「もしもし、XYZ社の鈴木ケンと申しますが」などが適当です。

③ **I'm calling to find out about flights from Tokyo to Hong Kong.**

解説　to find out は「～を調べるために」という意味の **to不定詞**です。東京から香港までのフライトは複数あるので flights となります。I'm calling to find out ～は「お聞きしたいのですが…」といったニュアンスで、電話で何かの情報を得るときなどに使います。しかし I am calling to find out what time Mr. Suzuki is arriving. などと個人的な情報を求めても入手できないことがあります。

④ **Hi, I'd like to get some information about your language school.**

解説　would like to は want to を丁寧に言ったものです。information は数えられない名詞なので some「いくらかの」のあとでも s はつきません。get some information about ～は ③の find out about ～「～について調べる」に言い換えても同じことが言えます。

⑤ **Could you tell Mr. Smith I'll be late for our meeting?**

解説　Could you tell ～?「～をお伝え願えますか?」は、電話で伝言を残すときのとても**丁寧な言い方**です。Please tell Mr. Smith ～ も一応、丁寧ではありますが、Could you tell ～のほうがはるかに丁寧です。

173

chapter 4

STEP 4-24 会話のトピックにまつわることを言ってみよう！

制限時間 1問1分

次の日本語を英語に直し、1分以内で声に出して言ってみよう。

～ 招待・勧誘 ～

① 今夜はジムで運動しましょう。
Let's go _____.

ヒント 「（ジムなどで）運動する」work out

② 土曜日に私たちと一緒にカラオケに行きませんか？
Do you _____?

ヒント 「～しませんか」Do you want to ～？／「カラオケ」karaoke

③ もしお時間があるようでしたら、今夜、私たちと一緒に食事をしませんか？
How about _____?

ヒント 「加わる」join／「夕食に」for dinner

④ 土曜日にコンサートにいらっしゃいませんか？
Would you _____?

ヒント 「コンサート」concert

⑤ 一杯やりましょう。
Why don't _____?

ヒント 「一杯やる」have a drink

トレーニングメニュー 4　会話力を高める

Invitations

① **Let's go work out at the gym tonight.**

解説　go work outは go and work outの andが省略された形で、口語では go と comeを使うときにこの andを省略して使うことがよくあります。Let's go (and) have dinner together.「夕食を一緒にしませんか？」、Come (and) play tennis with us.「一緒にテニスをしよう」などです。

② **Do you want to go to karaoke with us on Saturday?**

解説　Do you want to ～?もまた、誰かを**誘うときの表現**です。こちらは**くだけた感じの言い方**なので、上司に Do you want to go to the movies?「映画を見に行きたい？」とは絶対に言いません。**フォーマルな言い方**としては、このあとの④で出て来ますが Would you like to ～?「～しませんか？」があります。

③ **How about joining us for dinner tonight if you have some free time?**

解説　How about ～?「～するのはどうですか？」と言う場合、**後ろに来る動詞は必ず -ing形**になります。How about **having** dinner together?「夕食を一緒にどうですか？」、How about **traveling** to Kyoto?「京都に旅行はどうですか？」などです。if以下の some と freeはどちらか一方、あるいは両方とも省略できます。

④ **Would you like to go to a concert on Saturday?**

解説　Would you like to ～?「～なさいませんか？」はとても**丁寧な表現**で、最初のデートやお客様を招待するときなどに使います。例えば、仕事上のお客様に Would you like to have dinner after the meeting?「会議のあとで夕食はいかがですか？」と言えば、とても丁寧な問いかけとなります。

⑤ **Why don't we go have a drink?**

解説　Why don't we ～?「～しましょう」は Let's ～**に近い意味合い**がありますが、気持ちの面で**ややフォーマル**、あるいは相手に距離があります。仕事の関係者で親しい相手には Let's go have some dinner.「夕食に行きましょう」と言いますが、それほど親しくない場合は Why don't we have some dinner?「夕食に行きませんか？」となります。

175

STEP 4-25

chapter 4 会話のトピックにまつわることを言ってみよう！

制限時間 1問1分

次の日本語を英語に直し、1分以内で声に出して言ってみよう。

〜 具合が悪い 〜

① 風邪をひいて、熱がありました。
I _____ .

ヒント 「風邪をひく」catch a cold ／「熱」fever

② せきが出て、寒気がします。
I _____ .

ヒント 「せき」cough ／「寒気」chill

③ お腹が痛くて、吐きそうです。
I _____ .

ヒント 「腹痛」stomachache ／「〜のような気がする」feel like 〜 ／「吐く」throw up

④ 階段から転げ落ちて、足の骨を折りました。
I _____ .

ヒント 「転げ落ちる」fall down ／「(骨を) 折る」break ／「足」leg

⑤ 薬を飲んだら、頭痛が消えてなくなりました。
After I _____ .

ヒント 「薬」medicine ／「消えてなくなる」go away

トレーニングメニュー 4　会話力を高める

Not feeling well

① **I caught a cold and had a fever.**

解説　catch a coldは「(健康な状態から) 風邪をひく」という意味です。have a coldは「風邪をひいている状態」を意味します。「熱がある」は have a feverと言います。ちなみに**インフルエンザ**は英語では**flu**と言います。これはinfluenzaを省略したものです。I caught a flu.「インフルエンザにかかりました」のように言います。

② **I have a cough and feel a chill.**

解説　「せきが出る」は haveを使い have a coughとします。ほかに風邪の症状を表す語は a headache「頭痛」、a sore throat「のどの痛み」、a runny nose「鼻水」などがあります。このような症状を言う場合、I have ～を使います。「くしゃみ」は sneezeと言いますが、こちらは動詞として使い、I can't stop sneezing.「くしゃみが止まらない」のように言います。

③ **I have a stomachache and feel like throwing up.**

解説　「feel like+-ing」で「～しそうな気がする、～したい気分である」という意味になります。I feel like having a pizza tonight.「今晩はピザを食べたい気分です」のように使います。

④ **I fell down the stairs and broke my leg.**

解説　legのほか、knee「ひざ」、ankle「足首」、heel「かかと」、shoulder「肩」、chest「胸」、arm「腕」、wrist「手首」、back「背中」、waist「ウエスト(胴のくびれた部分)」、hip「腰」など体の部位は一通り、覚えてしまうと便利です。

⑤ **After I took some medicine, my headache went away.**

解説　「薬を飲む」は drinkではなく**take**を使います。my headacheは the headacheと言うこともできます。治ったときの言い方は go awayのほかに I got better.「よくなった」、I recovered in a day.「1日で回復した」などがあります。

STEP 4-26
chapter 4 会話のトピックにまつわることを言ってみよう！

制限時間 1問1分

次の日本語を英語に直し、1分以内で声に出して言ってみよう。

〜 驚く知らせ 〜

① あなたは信じないでしょうけど、私はニューヨークに引っ越します。
You _____!

ヒント 「〜を信じる」believe ／「引っ越す」move

② 当ててみて！ 私は会社のパーティーでハワイ行き航空券が2枚当たりました。
Guess what! _____.

ヒント 「を当てる」win ／「航空券」airline ticket ／「会社のパーティー」company party

③ ちゃんと座ってる？ すごいニュースがあるの。
Are you _____? _____.

ヒント 「座る」sit ／「すごい」some

④ 大ちゃんのこと聞いた？ 彼はオランダに転勤させられるんだ。
Did you _____? _____.

ヒント 「〜の知らせ（うわさ）」news about 〜 ／「転勤させる」transfer

⑤ 会議がキャンセルされたことをあなたは知っていましたか？
Did you _____?

ヒント 「会議」meeting ／「キャンセルする」cancel

トレーニングメニュー 4　**会話力を高める**

Surprising News

① You won't believe this, but I'm moving to New York!

解説 You won't believe this, but ～という表現は、**聞いている人がまったく不可能だと思うようなことを話す**ときに使います。won'tはwill notの短縮形です。don'tではなくwon'tになるのは、これから言う話について信じないでしょうが、と言っているためです。

② Guess what! I won two airline tickets to (go to) Hawaii at the company party.

解説 Guess what!あるいはDo you want to guess what?「何か当ててみて！」は相手を**あるニュースなどでビックリさせたいとき**に使います。「誰だか当ててみて！」なら、Guess who! あるいはDo you want to guess who? と言います。

③ Are you sitting down? I have some news for you.

解説 Are you sitting down? は「（腰を抜かさないように）ちゃんと座っている？」という意味で、何か**ビックリするようなニュースを聞かせるとき**に使う**典型的な表現**です。someには「すごい、どんでもない」という意味もあります。この場合はこの語を強く言います。

④ Did you hear the news about Dai-chan? He is being transferred to Holland.

解説 Did you hear the news about ～?「～についての知らせを聞きましたか？」は、相手に**知らないことについて聞かせるときに使う表現**です。また、新聞などのニュースについて語るときも使えます。is being transferredは「転勤させられる」という受身形の進行形で、近い将来のことを言う場合の進行形です。

⑤ Did you know that our meeting was canceled?

解説 Did you know that ～? は、**自分が知っていることを相手も知っているかどうかを確認するときに使う表現**です。that はあとに続く一文を「～ということ」という意味にします。この場合は our meeting was canceled「私たちの会議がキャンセルされたということ」になります。

STEP 4-27

会話のトピックにまつわることを言ってみよう！

次の日本語を英語に直し、1分以内で声に出して言ってみよう。

〜 悲しい知らせ 〜

① あの映画俳優は長い病気のあとで亡くなりました。
That _____.

ヒント「亡くなる」pass away ／「長い」long ／「病気」illness

② 私は彼の死を聞いてショックを受けました。
I was _____.

ヒント「ショックを受けた」shocked ／「死」death

③ 昨日、お葬式に行きました。
I went _____.

ヒント「葬式」funeral

④ お悔やみを申し上げます。
I'm _____.

ヒント「喪失」loss　＊「お悔やみ」は condolence が最も一般的な言い方ですが、ここでは sorry を用いた言い方を考えてみましょう。

⑤ あなたのために私に何かできることがあったら、おっしゃってください。
If _____.

ヒント「何か」anything ／「させる」let ／「を知る」know

Sad news

① That movie star passed away after a long illness.

▶ pass awayは「亡くなる、この世を去る、他界する」といった意味で、直接的な表現の die「死ぬ」を柔らかくした言い方です。「(病気など)で亡くなる」は die of+病名 または die from+病名 で表し、die by ～や die with ～は使いません。

② I was shocked to hear about his death.

▶ be shocked「ショックを受けた」は何か信じられないこと、特に悪いニュースを聞いたときに使う表現です。be surprised「驚いた」はいいニュースを聞いたときにも使う点で異なります。hear about ～で「～について聞く」という意味になります。

③ I went to a funeral yesterday.

▶ go to a funeral「お葬式に行く」とは言いますが、attend a funeral「お葬式に出席する」とは言わないことに気をつけましょう。「お葬式に参列する」はほかに「pay (one's) last respects to+故人」という言い方があります。これは「最後のお別れをする」という意味があります。

④ I'm very sorry for your loss.

▶ 直訳は「あなたの喪失をお気の毒に思います」ですが、これは**理屈ぬきに暗記**してください。宗教や宗派にかかわりなく、どのお葬式でも使えます。condolence「お悔やみ」を使うと Please accept my condolences. となります。通常、複数形で使います。ほかに Please accept my deepest sympathy.「どうか私の深い悲しみを受け入れてください」(直訳) とも言います。

⑤ If there is anything I can do for you, please let me know.

▶「～がある」は there is を使います。anything と I の間の that が省略されています。「let＋人＋動詞の原形」で「人に～させる」という意味になり、please let me knowの直訳は「私に知らせてください」となります。お葬式などでお悔やみを述べたあと、このように言うことで大切な人を亡くした友人などを慰めることができます。

chapter 4

STEP 4-28 会話のトピックにまつわることを言ってみよう！

制限時間 1問1分

次の日本語を英語に直し、1分以内で声に出して言ってみよう。

～ 性格について話す ～

① 私は鈴木さんがとても親切なので好きです。
I _____ .

ヒント 「親切な」kind

② 雄二はちょっとした完璧主義者なので仲良くするのは難しいです。
It's difficult to _____ .

ヒント 「ちょっとした」something of ／「完璧主義者」perfectionist

③ 彼女は彼がけちなので別れました。
She _____ .

ヒント 「～と別れる」break up with ～ ／「けちな」stingy

④ 加奈子は話しやすいので誰もが好きです。
Everyone _____ .

ヒント 「話やすい」easy to talk to

⑤ 私はかなり人なつっこくて社交的だと思います。
I think _____ .

ヒント 「人なつっこい」friendly ／「社交的」sociable

Describing people's personalities

① I like Mr. Suzuki because he is very kind.

解説 人を描写する言葉は色々ありますが、人のいい面を表す単語として thoughtful「思慮深い」、considerate「思いやりのある」、understanding「理解がある」、honest「正直な」、patient「我慢強い」などがあります。

② It's difficult to get along with Yuji because he is something of a perfectionist.

解説 「get along with＋人」は「～と仲がよい、気が合う」という意味です。something of a ～「ちょっとした～」という表現は、ある人の欠点を描写する場合、言い方を少しソフトにします。

③ She broke up with him because he is stingy.

解説 he is stingyのように現在形になるのは、性格は別れたときも現在も変わりがないからです。negative「悲観的な」、nervous「神経質な」、selfish「わがままな」、shy「恥ずかしがりやの」、jealous「嫉妬深い」、dishonest「不正直な」、lazy「怠惰な」などは、あまりいい意味合いでは使われません。

④ Everyone likes Kanako because she is easy to talk to.

解説 easy to talk to「話しやすい」は一緒にいて、とてもリラックスできる人について描写するときに使います。easy to ～は「～しやすい」という意味です。例えばHe is easy to get along with [to be around / to be friends with].「彼は折り合いやすい [一緒に居やすい、親しみやすい]」のように言います。easyの代わりにdifficultを使うと逆の意味になります。

⑤ I think I am pretty friendly and sociable.

解説 形容詞の前にprettyがつく場合は「可愛い」という意味ではなく「かなり」という意味になります。You are pretty quiet today.「今日、あなたはかなり静かです」、She is pretty nice.「彼女はかなり親切です」のように使います。sociableは「社交的な」という意味ですが、socialは「社交上の」という意味で使う言葉です。a social event「社交上の行事」のように使います。outgoingをsociableと同様に使うことができます。

STEP 4-29

chapter 4 会話のトピックにまつわることを言ってみよう！

制限時間 1問1分

次の日本語を英語に直し、1分以内で声に出して言ってみよう。

〜 人をほめる 〜

① あなたは今日はとても素敵に見えます。
You look _____.

ヒント 「素敵」nice

② 私はあなたの新しい服装が大好きです。その赤いジャケットはあなたに似合っています。
I really _____. _____.

ヒント 「服装」outfit ／ 「に似合う」suit

③ あなたはお料理がとても上手ですね。今晩は夕食をとても楽しめましたし、すばらしい時間を持てました。
You are _____. _____.

ヒント 「最高の」great ／ 「を楽しむ」enjoy ／ 「すばらしい」great

④ あなたは字がお上手ですね。
You have _____.

ヒント 「筆跡」handwriting　＊「字が上手」は「筆跡が美しい」という言い方をします。

⑤ すばらしい仕事をしましたね！　あなたを誇りに思います。
You _____! _____.

ヒント 「すばらしい」great ／ 「仕事」job ／ 「を誇りに思う」proud

トレーニングメニュー4　**会話力を高める**

Giving complements

① You look very nice today.

解説 日本では、ごく親しい人以外の他人をこのように**ほめること**はほとんどないかもしれませんが、**欧米では、頻繁**に行われます。ほめる表現は、会話を始めるきっかけにもなるので覚えておくとよいでしょう。これに対する返事としては Thanks. It's nice of you to say so.「そう言ってくれてどうもありがとう」とか So do you.「あなたも素敵ですよ」と言います。

② I really like your new outfit. The red jacket suits you.

解説 Your new outfit is great!「あなたの新しい服はすばらしい」のようにほめることもできます。suit you は looks good on you と言っても同じ意味です。

③ You are a great cook. I really enjoyed the dinner tonight and had a great time.

解説 You are a great cook. は You cook very well. とも言えます。招待されたときは I appreciate your hospitality.「おもてなしに感謝いたします」や I really had a good time, thank you very much.「とても楽しかったです。ありがとう」など、必ず感謝の気持ちやお礼を述べます。

④ You have beautiful handwriting.

解説 handwriting は数えられない名詞なので、冠詞はつきません。beautiful 以外に lovely「きれい」、wonderful「すばらしい」、amazing「見事な」、excellent「すぐれた」、fantastic「すばらしい」など、ほめ言葉を多く覚えておくと英語での会話にとても役に立ちます。

⑤ You did a great job! I'm proud of you.

解説 You did a great [good] job. は「仕事」をほめるだけではなく、「よくやったね」という意味で、料理がうまくできたときや、試合で活躍したときなど、幅広く使います。You did a good job, the cookies are very delicious. ／ You did a great job in the baseball game last Sunday. などと言います。

STEP 4-30

会話のトピックにまつわることを言ってみよう！

制限時間 1問1分

次の日本語を英語に直し、1分以内で声に出して言ってみよう。

〜 意見を述べる 〜

① 私たちはすべての事実を把握するまで決定を延期すべきです。
We should _____ .

ヒント 「延期する」postpone ／「決定」decision ／「把握する」have ／「事実」fact

② 男性は家事を手伝うべきだと、私は強く感じます。
I strongly _____ .

ヒント 「感じる」feel ／「を手伝う」help with ／「家事」housework

③ 私の意見では、パーティーを金曜日ではなく土曜日にするべきだと思います。
In my _____ .

ヒント 「意見」opinion ／「パーティーをする」have a party

④ 皆が私に同意するわけではないでしょうが、私は注文を解約すべきだと思います。
Not everyone _____ .

ヒント 「同意する」agree ／「解約する」cancel ／「注文」order

⑤ 私は個人的には、物をリサイクルしたほうがいいと思います。
I personally _____ .

ヒント 「リサイクルする」recycle ／「物」thing

Expressing opinions

① We should postpone the decision until we have all the facts.

解説 We shouldは「自分たちは〜すべきだ」という意味の意見を述べるときに使います。untilは「〜するまで」という意味で、**続いている動作が終わる時点**を示します。この場合、「すべての事実を把握するとき」が「延期するという動作」の終了する時点です。

② I strongly feel that men should help with housework.

解説 別の言い方として、I strongly believe 〜「私は強く信じます」があります。これらの表現を使うと、**あることがらに対してあなたが強い意見を持ち、またそのことがあなたにとって重要**だということを意味します。「〜すべきである」は shouldを使います。houseworkは数えられない名詞なので、冠詞はつきません。

③ In my opinion, we should have the party on Saturday, not Friday.

解説 in my opinionは、会議や話し合いをしていて、**様々な意見が飛び交っている中で自分の意見を述べる**のに使う言い方です。not Fridayは not on Fridayでも同じ意味です。

④ Not everyone will agree with me, but I think we should cancel the order.

解説 Not everyone will agree with me,は、**あなたの意見に誰かが反対するだろうことを予期していて、そのことをあらかじめ示すとき**に使います。Not everyoneのように notのあとに「すべて」のような全体を示す語が来た場合、「すべてが〜というわけではない」の意味になります。willと未来形になっているのは、これから述べることに対して「同意しないだろう」と言っているからです。「〜に同意する」は agree with＋人のように withを伴います。

⑤ I personally think that it is better to recycle things.

解説 I personally think that 〜は、あなたの**意見を強く、しかし丁寧な形で述べる**ときに使います。特に、反対意見を持っているような人がいる場合には、このような言い方をします。「〜したほうがよい」は it is better 〜で表します。

言語習得はスポーツと同じ反復練習が決め手！

　人と会話を展開させるのはとても難しい作業です。これはその人のコミュニケーション能力の総合的な結果として、会話というものが成り立つからでしょう。したがって、まず母国語でのコミュニケーション能力が外国語でのコミュニケーション能力に大きく影響することを認識してください。つまり、どれほど英語力が高くてもそれが英語でのコミュニケーション能力の高さに比例するとは限りません。

　一般的には、知らない者同士の会話では当たりさわりのない、仕事、趣味、家族、住まいなどの話から入っていくのでしょうが、私の場合、パーティーなどはとても苦手で、どのような場でも溶け込むことができません。したがってパーティーや公の場には必ず家内を同伴することにしています。というのも家内は片言の日本語でも誰とでも会話をスムーズに展開させる能力を持っているからです。Chapter 4では、会話の糸口をつかむ表現や言い回しを網羅していますので、いったん会話が始まってしまえば、これまで学習した成果をもとにあなた自身の想像力と母国語でのコミュニケーション能力が力を発揮することでしょう。

　余談ですが、英語での会話がスムーズにいかない原因の1つに相手の発音が聞き取れないということが多々あります。これは私自身もあるときまではそうでした。しかし、その原因がわかったとたんに、その問題は解決することとなりました。その原因とは、英語には日本語にない発音が多く混じっているということです。これらの発音をマスターすることによって自分でも話せるようになっただけでなく、相手の言っていることもはっきりと聞き取れるようになったのです。皆さんもよくご存じのTH, V, F, L, R音以外に英語には13（15という意見もありますが）の母音があります。これだけ多くの聞いたこともない発音が入っていると聞き取れるわけがありません。そこで何をやったかというと、これらの発音を表にして発音練習を繰り返しました。まさに体育会系部活の練習そのものです。これは頭の中の理論ではなく練習以外に方法はありません。そしてそれらの発音がある程度できるようになると不思議なことに相手の言っていることが日本語を聞くのとほぼ同じレベルで聞けるようになったのです。

　その時点で改めて認識したのは、言語習得は頭の中の学問ではなくスポーツと同じ反復練習が大きな役割を果たしているということでした。そして、大人が言葉を習得するには最低限の文法の知識も必要だということでした。

　言語習得の公式は、最低限の文法知識＋日常生活に必要な単語力＋簡単な構文作成力×反復練習＝習得 ではないでしょうか？

長友　信

chapter 5

トライアルメニュー 1
「会話を完成させる」

トライアルメニュー 2
「物語を話す」

トライアルメニュー 3
「対話を考える」

chapter 5

1-1 会話を完成させよう！

次の日本語で示された会話の内容をよく読み、会話例でブランクになっている箇所に適切と思われる英文を入れ、声に出して言ってみよう。

Target Conversation 〈会話の内容〉

A：こんにちは。何かお探しですか？
B：①（はい。セーターを探しています。）
A：この緑色のセーターはいかがですか？
B：②（この色は好きではありません。青はありますか？）
A：あります。どうぞ。200ドルです。
B：③（えーっ、それは高すぎます。もっと安いのはありますか？）
A：もちろんです。こちらはいかがですか？

ヒント セーターを買いに洋品店にやって来たところです。予算は100ドルで、緑色は嫌いという設定です。

会話例

A: Hello. Can I help you?
B: ① _____
A: How about this green one?
B: ② _____
A: Yes, we do. Here it is. It's $200.
B: ③ _____
A: Sure. How about this one?

トライアルメニュー１　会話を完成させる

Model Conversation 会話の内容

A: Hello. Can I help you?
B: ① (Yes. I'm looking for a sweater.)
A: How about this green one?
B: ② (I don't like the color. Do you have it in blue?)
A: Yes, we do. Here it is. It's $200.
B: ③ (Oh, that's too expensive. Do you have a cheaper one?)
A: Sure. How about this one?

表現力アップ・コーナー　色々な言い方を覚えよう！

① I want to buy a sweater.「セーターを買いたいのですが」
I'm shopping for a sweater.「セーターを買いに来ました」
Do you sell sweaters?「セーターを売っていますか？」
Do you have any sweaters?「セーターはありますか？」

② I don't like green.「緑色は好きではありません」
Green is not my favorite color.「緑は好きな色ではありません」
Does it come in blue?「青でありますか？」
Do you have any blue sweaters?「青いセーターはありますか？」

③ That's expensive.「高いですね」
It costs too much.「値段が高すぎます」
Do you have a less expensive one?「それよりも安いのはありますか？」
Do you have one that is not that expensive?
「そんなに高くないのはありますか？」

> **参考**　Can [May] I help you? は日本語で言うところの「いらっしゃいませ」や「何かお探しですか？」にあたります。特に店員の助けが必要でなければ、No thanks, (I'm) just looking.「いえ、ただ見ているだけなので結構です」と言えば十分です。逆に店員の助けが必要な場合は、Excuse me, I'm looking for ~「すみません。～を探しています」という表現を使います。
> 　It's too big [small/expensive] for me.「～は私には大き [小さ、高] すぎる」も覚えておくとショッピングの際に便利です。
> 　また、How about ~?「～はどうですか？」という表現は会話中に相手の意見を求めたり、何かを薦めたりするときに使うとても便利な言い回しです。理屈を抜きにして覚えましょう。会話表現の幅が広がります。

chapter 5 1-2 会話を完成させよう！

次の日本語で示された会話の内容をよく読み、会話例でブランクになっている箇所に適切と思われる英文を入れ、声に出して言ってみよう。

Target Conversation 〔会話の内容〕

A：今週末にピクニックに行かないか。
B：①（土曜日は雨になるって聞いたわ。）
A：じゃあ、そのかわりに新しいイタリアン・レストランに食べに行こうか。
B：②（でも、今はダイエット中なの。）
A：じゃあ、映画を見るのはどう？
B：③（いいわよ。でも、DVDを借りましょう。私、映画に行くよりも DVD を借りて見るほうが好きなの。）

ヒント 今週末の予定を相談しているところです。レストランで食事をする代わりに家で DVD を見て過ごすことにしました。

会話例

A: Let's go on a picnic this weekend.
B: ① _____
A: Ok. Let's go eat at the new Italian restaurant instead.
B: ② _____
A: Well, why don't we watch a movie?
B: ③ _____

Model Conversation 〈会話の内容〉

A: Let's go on a picnic this weekend.
B: ① (I heard it's going to rain on Saturday.)
A: Ok. Let's go eat at the new Italian restaurant instead.
B: ② (But I'm on a diet now.)
A: Well, why don't we watch a movie?
B: ③ (All right. But let's rent DVDs. I prefer watching DVDs to going to the movies.)

表現力アップ・コーナー　色々な言い方を覚えよう！

① The weather will be bad on Saturday.「土曜日は天気が悪いでしょう」
It won't be fine on Saturday.「土曜日は天気がよくないでしょう」
Saturday will be a rainy day.「土曜日は雨になるでしょう」

② I'm trying to lose weight.「体重を減らそうとしています」
I'm watching what I eat.「食べるものに気をつけています」
I'm dieting.「ダイエット中です」

③ I like watching DVDs more than going to the movies.
「映画へ行くよりも、DVD を見るほうが好きです」
It's better to watch DVDs than to go to the movies.
「映画へ行くよりも、DVD を見るほうがいいです。」

参考　Let's see a movie [go on a picnic / go skiing].
「映画を見よう［ピクニックに行こう／スキーに行こう］」

「～をしよう」と誰かに誘いをかけるときに有用な表現です。同じように誘いをかける言い方としてはほかに Why don't we have dinner [rent a DVD]?「夕食を食べましょう[DVD を借りましょう]」などもあります。

let's を使うとき、「一緒に」という意味で "with me" をつける人がいますが、これは間違いです。let's にはすでに「一緒に」という意味が含まれているからです。

「～に行く」の言い方には何種類かあり、例えば、「買い物に行く」「泳ぎに行く」「スキーに行く」は、go shopping、go swimming、go skiing と言い、「旅行に行く」「ツアーに行く」「クルーズに行く」は、go on a trip、go on a tour、go on a cruise と言います。「散歩に行く」「ドライブに行く」は、go for a walk、go for a drive と言います。

chapter 5

1-3 会話を完成させよう！

次の日本語で示された会話の内容をよく読み、会話例でブランクになっている箇所に適切と思われる英文を入れ、声に出して言ってみよう。

Target Conversation 会話の内容

A：どちらにお勤めですか？
B：①（XYZ社で働いています。）
A：お仕事はどういう内容ですか？
B：②（国際課で働いています。先月はヨーロッパへ出張に行かなければなりませんでした。）
A：そこでのお仕事は好きですか？
B：③（ええ、興味深いです。でも、たびたび残業をしなければなりません。）

ヒント XYZ社を辞めて転職を考えているビジネスマンと転職コンサルタントの会話です。「〜へ出張に行く」は、go to 〜 on business のように言います。

会話例

A: Where do you work?
B: ① _____
A: What do you do there?
B: ② _____
A: Do you like it there?
B: ③ _____

トライアルメニュー1　会話を完成させる

Model Conversation 〔会話の内容〕

A: Where do you work?
B: ① (I work for XYZ Company.)
A: What do you do there?
B: ② (I work in the international section. Last month I had to go to Europe on business.)
A: Do you like it there?
B: ③ (Yes, it's interesting, but I often have to work overtime.)

表現力アップ・コーナー　色々な言い方を覚えよう！

① I work at XYZ Company.「XYZ社で働いています」
I've been working for XYZ Company for 2 years.
「XYZ社で2年働いています」

② My section deals with Europe, so I sometimes have to go there.
「私の課はヨーロッパと取引をします。それでときどきヨーロッパへ行かなくてはなりません」

③ Yeah, I like the work, but I usually have to work late.
「ええ、この仕事は好きですが、いつも遅くまで働かないといけません」
The work is interesting, but I don't like working overtime.
「仕事はおもしろいのですが、残業は好きではありません」

参考　「どちらにお勤めですか？」は例文のように Where do you work? が最も普通に使われます。この返事としては、I work for ABC Bank.「ABC銀行に勤めています」とか、I work at a supermarket.「スーパーに勤めています」のように言うことが普通です。work for の場合は、for のあとには an accounting firm（会計士事務所）などの具体的な企業名、work at の場合は at のあとにスーパーや病院など働いている場所が続きます。ただし、「私は文京区役所に勤めています」は、I work at Bunkyo City Hall. とも言えます。また I am a local government employee of Bunkyo Ward.「私は文京区の地方公務員です」のようにも言えます。
　I have to ~ の過去形は I had to ~「~をしなければならなかった」を使います。
　このほか、interesting「おもしろい」と interested「興味がある」の違いに注意しましょう。I was interested「私は~に興味がありました」と言うべきところを I was interesting とすると、「私はおもしろい人間です」とまったく異なった意味になってしまいます。surprised「驚いた」と surprising「びっくりさせる」も同じです。I was surprised to know that ~「~ということを知って驚いた」、It's a surprising news.「それは驚く知らせだ」

chapter 5

1-4 会話を完成させよう！

次の日本語で示された会話の内容をよく読み、会話例でブランクになっている箇所に適切と思われる英文を入れ、声に出して言ってみよう。

Target Conversation 【会話の内容】

A：山田さんいらっしゃいますか？
B：①（申し訳ございません。ただいま席を外しております。ご伝言を承りましょうか？）
A：何時にお帰りになるかご存じですか？
B：②（あいにく、はっきり存じません。本日は外で数件打ち合わせが入っているようです。）
A：それでは、私はXYZ社のジョン・スミスと申しますが、明日また電話する旨お伝えいただけますか？
B：③（スミス様、了解いたしました。ご伝言を山田に申し伝えます。）

ヒント 会社の同僚宛に海外からの電話が入ってきました。あいにく本人は不在で、帰社時間などの詳細はわからない、という設定です。「打ち合わせ」は appointment が使えます。

会話例

A: Hello, is Mr. Yamada there?
B: ① _____
A: Do you know what time he'll be back?
B: ② _____
A: Well, this is John Smith from XYZ Company. Please tell him that I will call him tomorrow.
B: ③ _____

トライアルメニュー1　会話を完成させる

Model Conversation 〔会話の内容〕

A: Hello, is Mr. Yamada there?
B: ① (I'm sorry, he is not here right now. Can I take a message?)
A: Do you know what time he'll be back?
B: ② (I'm not sure. He has several appointments outside the office today.)
A: Well, this is John Smith from XYZ Company. Please tell him that I will call him tomorrow.
B: ③ (All right Mr. Smith. I'll give him your message.)

表現力アップ・コーナー　色々な言い方を覚えよう！

① He is not in the office at the moment. Would you like to leave a message?
「ただ今、外出しております。ご伝言を残されますか？」
He isn't available right now.「ただ今、手が離せません」
He is out of the office.「外出しております」

② I don't know. He has several meetings today.
「存じあげません。本日は、いくつか会議が入っております」
He is visiting customers today.「本日は取引先を訪問しております」
He is seeing clients today.「今日は取引先に会いに行っております」

③ I'll tell him you called.「電話があった旨お伝えいたします」
I'll pass on your message.「ご伝言をお伝えいたします」
I'll let him know that you called.「電話があった旨お伝えいたします」

参考　電話口での英語はほとんどが決まり文句のようになっていて、例えば次のようになります。

A: Hi, this is Ann Peterson of ABC Company speaking. Can I talk to Mr. Sato?
「もしもし、ABC社のアン・ピーターソンですが、佐藤さんをお願いできますか？」
B: There are two Satos in our company; Mr. Sato in Accounting and Mr. Sato in Sales.
「弊社には、佐藤が2名おります。経理部の佐藤と営業部の佐藤です」
A: Oh, I'd like to talk to Mr. Sato in Accounting.
「ええと、経理部の佐藤さんをお願いします」
B: OK, Ms. Peterson, I'll transfer your call to Mr. Sato. Hold on a minute.
「わかりました、ピーターソン様。電話を佐藤にお回ししますので、お待ちください」
　1つ注意したいのは、電話をかけた場合、もし相手が目当てのスミスさんだったとしても、"Are you Mr. Smith?" とは言わずに "Hello, is that Mr. Smith?" と言ってください。"Are you ～?" はぶしつけな感じがします。

chapter 5

1-5 会話を完成させよう！

次の日本語で示された会話の内容をよく読み、会話例でブランクになっている箇所に適切と思われる英文を入れ、声に出して言ってみよう。

Target Conversation 〈会話の内容〉

A：いらっしゃいませ。ご注文はよろしいでしょうか？
B：①（ええ、私はステーキディナーをお願いします。今日のスープは何ですか？）
A：コーンスープです。
B：②（うーん、コーンスープはあまり好きではありません。代わりにサラダをもらいます。）
A：かしこまりました。それと一緒にほかに何かおつけいたしますか？
B：③（ええ、デザートにチョコレートケーキをお願いします。）

ヒント ニューヨークのレストランにやって来ました。メニューに目を通し終えたところにウェイターがやってきました。コーンスープは嫌いという設定です。

会話例

A: Hello, may I take your order?
B: ① _____
A: We have corn soup.
B: ② _____
A: All right. And would you like anything else with that?
B: ③ _____

トライアルメニュー 1　会話を完成させる

Model Conversation 〔会話の内容〕

A: Hello, may I take your order?
B: ① **(Yes, I'll have the steak dinner. What kind of soup do you have today?)**
A: We have corn soup.
B: ② **(Hm. I don't really like corn soup. I'll have a salad instead.)**
A: All right. And would you like anything else with that?
B: ③ **(Yes. I'll have a piece of chocolate cake for dessert.)**

表現力アップ・コーナー　色々な言い方を覚えよう！

① I'd like the steak dinner. What's the soup of the day?
「ステーキディナーをお願いします。今日のスープは何ですか？」
I want to order the steak dinner.「ステーキディナーをお願い」
I'll take the steak dinner.「ステーキディナーにします」

② I'm not too crazy about corn soup.「コーンスープはそれほど好きではありません」
That's not really my favorite.「それはそれほど私の好みではありません」
I prefer the salad over the soup.「私はスープよりサラダが好きです」

③ I want to eat chocolate cake for dessert.
「私はデザートにチョコレートケーキを食べたいです」
Bring me a piece of chocolate cake after dinner.
「夕食後、チョコレートケーキを持ってきて」
Why don't you bring me some chocolate cake later?
「あとで私にチョコレートケーキを持ってきてちょうだい」

参考　注文するときの表現には、I'll have the steak.「ステーキをいただきます」、または I'll order the steak.「ステーキを注文します」が使われます。ここで "the" をステーキの前につけるのは、「そのメニューにあるステーキ」という意味が含まれているからです。また、I'll have ~ instead.「代わりに~をいただきます」の instead は、とても便利でよく使われる表現です。

表現力アップ・コーナー②の I prefer the salad over the soup. ですが、prefer A to B（B よりも A を好む）の to の代わりに特にアメリカでは over を使う人もいます。

cake、water、wine、rice などはすべて数えられない名詞なので、「1 つ」とか「1 杯」と言いたいときは、a piece of cake「ケーキ1切れ」、a glass of water [wine]「1杯の水［ワイン］」、a bowl of rice「茶わん1杯のご飯」などと言います。

chapter 5

2-1 物語を話してみよう！

　一連の物語を英語で言ってみよう。次の4コマのイラストを見て、日本語で示された文の内容をよく読み、英語に直してから、口に出して言ってみよう。

① 英国で先生が生徒たちに地震と津波について話をしています。一人の少女が先生の話を注意して聞いています。

　ヒント 「地震」earthquake ／「津波」tsunami

② 2週間後、その少女は休暇で家族とタイに行きます。ある早朝のこと、彼女は両親と散歩をしています。彼女は海辺の水がおかしいことに気づきます。水が引いてはいきますが打ち寄せてきません。

　ヒント 「休暇で～に出かける」go to ~ on vacation ／「散歩をする」take a walk ／「おかしい」strange

③ 彼女は先生が津波について教えてくれたことを思い出します。先生はもし、水が引いていくだけで打ち寄せないなら、津波が10分以内に来ると言いました。

　ヒント 「思い出す」remember ／「引く」go out ／「打ち寄せる」come in ／「10分以内に」in ten minutes

④ 彼女は両親に津波が来ることを告げます。それから両親はホテルのマネージャーに告げます。彼は彼女を信じ全員ビーチから避難させます。

　ヒント 「告げる」tell ／「ビーチから離れる［避難させる］」leave [evacuate] the beach

トライアルメニュー2　物語を話す

Model Story ◀物語例▶

① A teacher is talking to some students in England about earthquakes and tsunamis. One girl is listening to the teacher very carefully.

② Two weeks later, that girl goes to Thailand on vacation with her family. Early one morning she takes a walk with her parents. She notices (that) the water on the beach is very strange. It is going out, but not coming in.

③ She remembers what her teacher taught her about tsunamis. He said that if the water on the beach goes out and does not come in, a tsunami will come in ten minutes.

④ She tells her parents that a tsunami is coming. Then they tell the hotel manager. He believes her and makes everyone leave the beach.

参考　イラストを見ながら物語を話す場合、過去に起こった出来事でも現在形や現在進行形を使うことがあります。このために、英語の原文と日本語訳の時制が合わないことがあります。**現在時制を使うのは、情景に現実感を持たせたり、強調したりする**ときに使うテクニックの1つで、文章作成などのときにも活用されます。
「(人に)～を告げる」は tell を使って表すことができます。
　The teacher tells the students about earthquakes and tsunamis.
　「先生は生徒たちに地震と津波について教えています」
のように、tell ... about ～は「…に～のことを教える」という意味になります。
　The hotel manager told the people to leave the beach.
　「ホテルのマネージャーは、人々にビーチを離れるように言いました」
この例での「tell＋人＋to 不定詞」は「誰かに何かをさせる」ことを表します。別な言い方では、使役動詞 make などを使って表すことができます。
　He made them leave the beach.「彼は人々をビーチから離れさせました」
　He evacuated the beach.「彼はビーチから避難させました」

「水が引いてはいきますが打ち寄せてきません」の例文、It is going out, but not coming in. は but のあとに it is が省略されています。また、ここは She sees the water goes out, but does not come in.「彼女は水が引いてはいくのに、打ち寄せてこないのを見ます」のように言うこともできます。

chapter 5

2-2 物語を話してみよう！

　一連の物語を英語で言ってみよう。次の4コマのイラストを見て、日本語で示された文の内容をよく読み、英語に直してから、口に出して言ってみよう。

① 八月の暑い夏の夜です。浜辺で3人の10代の少年たちが花火に火をつけています。花火の中の1つに問題があります。空に向かって飛んでいきません。代わりに、茂みに向かって横に飛んでいきます。茂みに火がつきました。

　ヒント　「10代の少年たち」teenage boys ／「花火」firecracker ／「問題」problem ／「空に向かって」to the sky ／「横に」sideways ／「茂み」bush ／「火がつく」catch fire

② 最初は、火は小さかったのです。少年たちは靴で火をたたいたり、水をかけたりして火を消そうとします。火はさらに大きくなるばかりです。

　ヒント　「最初」at first ／「消す」put out ／「に水をかける」throw water on

③ 少年たちは怖くなります。彼らは逃げようと思います。しかし、消防署に連絡することにします。数分後、消防車が来て火を消します。

　ヒント　「怖くなる」become scared ／「消防署」fire department ／「消防車」fire engine

④ 消防員は少年たちに彼らは正しいことをしたと言います。彼らは逃げずに消防署に連絡したからです。次は気をつけるようにと少年たちに言います。

　ヒント　「正しいことをする」do the right thing ／「気をつける」be careful

トライアルメニュー2　**物語を話す**

Model Story ◀物語例▶

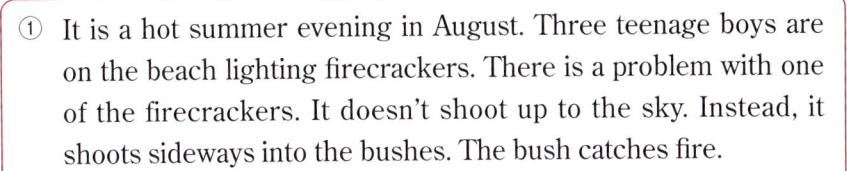

① It is a hot summer evening in August. Three teenage boys are on the beach lighting firecrackers. There is a problem with one of the firecrackers. It doesn't shoot up to the sky. Instead, it shoots sideways into the bushes. The bush catches fire.

② At first, the fire is small. The boys try to put the fire out by hitting it with their shoes and throwing water on it. The fire becomes bigger and bigger.

③ The boys become scared. They think they should run away. But they decide to call the fire department. A few minutes later, a fire engine arrives and puts out the fire.

④ The firemen tell the boys they did the right thing. They didn't run away, but they called the fire department. They tell the boys to be careful next time.

話し方のコツ　何かまとまった話をする場合、話の順番を示す言葉を挿入するとわかりやすくなります。例えば、first「まず、最初に」、next「次に」、and then「そしてそれから」、after that「そのあと」などと続けて、finally「最後に」あるいは at the end「最後に」でしめくくります。

参考　firecrackers は「花火」本体を指し、打ち上げられて夜空にぱっと咲く「花火」は fireworks と言います。light a firecracker は「花火に火をつける」で、「花火を打ち上げる」は set off [display] fireworks などと言います。
　消防署関連語では、fire department は「消防署」で、「消防隊員」は fireman あるいは firefighter（男女共通）と言います。
　火事関連語では、「火がつく」catch fire、「火をつける」light a fire、「火を消す」put out a fire と言います。「建物［家］が火事だ」は、The building [house] is on fire. と言います。「放火する」は、set fire to a house または、set a house on fire と言います。

chapter 5　2-3　物語を話してみよう！

　一連の物語を英語で言ってみよう。次の4コマのイラストを見て、日本語で示された文の内容をよく読み、英語に直してから、口に出して言ってみよう。

① 男性は飛行機が間もなく出発するので急いでいます。男性は運賃を支払うと、タクシーから飛び降ります。男性は飛行機に間に合うように走り去ります。タクシーの運転手も走り去ります。運転手は昼食をとるために停まります。

　ヒント「タクシー運賃」taxi fare ／「タクシーを飛び降りる」jump out of the taxi

② あとで、運転手は男がタクシーの中にかばんを忘れたことに気づきます。かばんの中を見てバイオリンを見つけます。彼はとても驚きます。バイオリンをタクシー会社に持って行きます。

　ヒント「忘れた」forgot ／「気がつく」notice ／「驚いた」surprised

③ 空港に行った男性は有名なバイオリン奏者です。彼のバイオリンは世界で最も高価なバイオリンの1つです。彼は自分のバイオリンについて聞くためにタクシー会社に電話をかけます。

　ヒント「バイオリン奏者」violinist ／「高価な」expensive

④ 男性はタクシー運転手が彼のバイオリンを返してくれたことをとても喜びます。バイオリン奏者はタクシー運転手にお礼を言いたいと思います。そこで、彼はタクシー運転手と彼の家族のために個人的なバイオリンのコンサートを開きます。

　ヒント「返す」return ／「お礼を言う」say thank you ／「個人的な」private

Model Story 〈物語例〉

① A man is in a hurry because his flight is leaving soon. The man pays the taxi fare and jumps out of the taxi. He runs to catch the airplane. The taxi driver drives away. He stops to eat lunch.

② Later, the taxi driver notices that the man forgot a bag in the taxi. He looks in the bag and sees a violin. He is very surprised. He takes the violin to the taxi company.

③ The man who went to the airport is a famous violinist. His violin is one of the most expensive violins in the world. He calls the taxi company to ask about his violin.

④ He is very happy that the taxi driver returned the violin. The violinist wants to say thank you to the taxi driver. So he gives a private violin concert for the taxi driver and his family.

参考　「〜したいと思う」は「want ＋ to 不定詞」あるいは「would like ＋ to 不定詞」を使って表します。いくつか例を挙げておきますので、機会があったら使ってみてください。
- He wants to give a present.「彼はプレゼントをあげたいと思っています」
- He wants to go to the airport.「彼は空港に行きたいと思っています」
- He doesn't want to lose his violin.「彼はバイオリンを失いたくありません」
- I'd like to visit Paris.「私はパリに行きたいです」

物語の中で使われている動詞 take には様々な意味があります。物語の中では、took the violin to the taxi company と「持って行く」の意味で使っていました。それ以外の意味の使い方を挙げておきます。
- He stops to take lunch.「彼は昼食をとるために停まります」
- He asked the driver to take him to the airport.
「彼は運転手に空港に連れて行ってくれるよう頼みました」
- It took me three hours to finish the book.
「その本を（読み）終えるのに3時間かかりました」
ほかにも色々な意味や使い方がありますが、上記の3つの使い方を覚えておくと会話の幅が広がります。

chapter 5　2-4　物語を話してみよう！

一連の物語を英語で言ってみよう。次の4コマのイラストを見て、日本語で示された文の内容をよく読み、英語に直してから、口に出して言ってみよう。

① 鈴木さん、田中さんそしてブラウンさんは会社で会議を成功裏に終わらせたばかりです。これからみんなで一緒に寿司を食べようとしています。ブラウンさんは一度寿司を食べてみたいと思っています。

ヒント　「成功裏に終わらせた会議」successful meeting ／「食べてみる」try

② たくさんの食べ物がテーブルに並んでいます。寿司、刺身、焼き鳥、サラダなどです。ブラウンさんはお酒を飲んでみますが、ビールのほうがいいと言っています。田中さんはワインです。みんなで乾杯します。

ヒント　「たくさんの食べ物」a lot of food ／「ビールのほうがいい」prefer beer ／「乾杯する」say cheers

③ 彼らはたくさん食べます。ブラウンさんは刺身より焼き鳥が好きです。しかし寿司は大好きです。彼らはデザートに抹茶アイスクリームを食べます。

ヒント　「BよりAが好き」prefer A to B ／「デザート」dessert

④ 鈴木さんと田中さんはブラウンさんにカラオケに行ったことがあるか尋ねます。ブラウンさんはこれまで行ったことがないので行きたがっています。田中さんはブラウンさんに英語の歌を歌うようにリクエストします。彼らはそこでとても楽しい時間を過ごします。

ヒント　「カラオケ」karaoke ／「〜にリクエストする（人に〜するように頼む）」ask ＋人＋ to 不定詞

Model Story 〈物語例〉

① Mr. Suzuki, Ms. Tanaka and Mr. Brown have just finished a successful meeting at their company. They are planning to eat sushi together now. Mr. Brown wants to try sushi.

② A lot of food comes to the table: sushi, sashimi, yakitori, salads, and so on. Mr. Brown tries the sake, but he says that he prefers beer. Ms. Tanaka has a glass of wine. They say cheers.

③ They eat a lot of food. Mr. Brown prefers the yakitori to the sashimi. But he likes the sushi very much. They have some green tea ice cream for dessert.

④ Mr. Suzuki and Ms. Tanaka ask Mr. Brown if he has ever been to a karaoke box. He has never been to one before, so he wants to go. Ms. Tanaka asks Mr. Brown to sing an English song. They have a very nice time there.

参考　「寿司」「刺身」「焼き鳥」など、和食に詳しい外国人なら、sushi、sashimi、yakitori と言っても理解してもらえますが、詳しくない人にこうした言葉を言っても、寿司はさすがに広く知られているものの、それ以外は What is it?「何、それ？」と言われてしまいます。そんなときは、sashimi or slices of fresh raw fish「刺身、つまり新鮮な生の魚の切り身」とか yakitori or barbecued chicken on a skewer「焼き鳥、つまりくしに刺して焼いた鶏肉」とか tempura or deep-fried fish and vegetables coated in batter「天ぷら、つまり油で揚げた衣をつけた魚や野菜」のように説明しなければならないので、一苦労することがあります。

外国人を食事に誘うときに使える表現をいくつか挙げておきましょう。
- What do you say about having dinner at a Japanese restaurant?
「日本料理店で食事をするのはどうですか？」
- Have you ever tried [eaten] *fugu*?
「これまでふぐ料理を食べたことがありますか？」
- Do you [Can you] eat liver yakitori?「焼き鳥のレバーは食べられますか？」
- How do you prefer your yakitori, with sauce or with salt?
「焼き鳥はたれにしますか、それとも塩ですか？」
- Let's have dinner together again sometime soon.
「また、いつか近いうちに夕食をご一緒しましょう」

chapter 5　2-5　物語を話してみよう！

一連の物語を英語で言ってみよう。次の4コマのイラストを見て、日本語で示された文の内容をよく読み、英語に直してから、口に出して言ってみよう。

① アマンダとジョシュは結婚して、まもなく5回目の結婚記念日となります。彼らは特別な結婚記念日のプレゼントを買うために秘かにお金を貯めています。

　ヒント「結婚記念日」wedding anniversary／「お金を貯める」save money

② アマンダはジョシュがいつもスペインに行きたがっていたことを知っています。彼女は彼をスペイン2週間の旅で驚かすつもりです。ジョシュはアマンダがいつもギリシャに行きたがっていたのを知っています。彼は彼女をギリシャ2週間の旅に連れて行くつもりです。

　ヒント「スペインに行きたがる」want to go to Spain／「驚かす」surprise／「2週間の旅」two-week holiday

③ 彼らは特別な夕食を食べにレストランに行きます。おいしい食事とワインを堪能します。デザートのあと、お互いのプレゼントを開けます。

　ヒント「特別な」special／「堪能する」have／「おいしい食事」delicious food

④ アマンダは自分のプレゼントを開けます。彼女はギリシャ行きのチケットを見つけます。ジョシュは彼のプレゼントを開けて、スペイン行きのチケットを見つけ、お互いにびっくりです。彼らはスペインに1週間、そしてギリシャに1週間行くことにします。

　ヒント「チケット」ticket／「びっくりする」surprised／「行くことにする」decide to go

トライアルメニュー2　物語を話す

Model Story 〈物語例〉

① Amanda and Josh are married and their fifth wedding anniversary is coming soon. They are secretly saving their money to buy a special anniversary present.

② Amanda knows that Josh has always wanted to go to Spain. She is going to surprise him with a two-week holiday in Spain. Josh knows that Amanda has always wanted to go to Greece. He is planning to take her to Greece for a two-week holiday.

③ They go to a restaurant to have a special dinner. They have delicious food and good wine. After dessert is over, they open their presents.

④ Amanda opens her present. She finds tickets to Greece. Josh opens his present, and he finds tickets to Spain. They are very surprised. They decide to go one week to Spain and one week to Greece.

話し方のコツ　トレーニングメニューでは、短い文をいくつも続けてまとまった話をする練習をしてきましたが、andやbutを使うと、2つの文を1つにつなぐことができます。「そして」と言いたいときはandを使います。「しかし」はbutです。

My husband Bill works for a security company and I work as a bank clerk.
「夫のビルは証券会社で働き、私は銀行で事務員をしています」
They planned to go on a picnic, but it rained.
「彼らはピクニックに行く計画を立てていましたが、雨が降りました」
First they went to Greece and then they went to Spain.
「最初に彼らはギリシャに行きました。そしてそれからスペインに行きました」
They went to Greece but they didn't go to Spain.
「彼らはギリシャに行きました。しかしスペインには行きませんでした」

参考　「記念日」などで使える表現をいくつか挙げておきましょう。
- Happy anniversary!「記念日おめでとう」
- Happy birthday!「誕生日おめでとう」
- Here is a present for you.「プレゼントをどうぞ」
- I hope you like it.「気に入ればいいのですが」

chapter 5
3 対話を考えよう！

　次の6コマのイラストを見ながらそれぞれのコマの状況説明を読み、対話を考え、声に出して言ってみよう。
（トレーニングの総仕上げとして行う自由に英文を作る練習ですので、「状況説明」の日本文のとおりになっていなくてもかまいません。この問題には正解はありません。）

トライアルメニュー3　対話を考える

・状況説明・

(1) 旧友のジェーンと太郎が道端で偶然、出合いました。

(2) ジェーンは来月、結婚式があって、教会で結婚式を挙げたあと、ハワイで新婚旅行をする予定です。

(3) 太郎はすでに結婚していて、彼の妻のヒロミさんとはお互いに知り合いです。

(4) 太郎には2人の子どもがいて、上の男の子が7歳で小学生、下の女の子は4歳で幼稚園に通っています。

(5) 太郎の仕事は順調で、来年から3年間のニューヨーク勤務が決まっています。英語の実力をつけないと大変だとあせっています。

(6) 2人はまた、近いうちに会うことを約束して別れます。

Model Conversation（会話例）

① J: Taro? Is that you? How've you been?
「太郎さん？ あなたなの？ しばらくぶりね、どうしてた？」
T: Wow. Jane. It's great to see you.
「おっ、ジェーン。会えてうれしいな」
J: How are you doing these days?
「最近、調子はどう？」
T: Well, not too bad, I guess. I work for a trading company.
「うん、まあまあだな。貿易会社で働いてるよ」

② J: I'm getting married next month.
「私は来月、結婚するの」
T: Really? That's wonderful news. Congratulations.
「本当か？ すごいニュースだ。おめでとう」
J: Thanks. We're planning to go to Hawaii for our honeymoon.
「ありがとう。新婚旅行はハワイに行くことにしてるの」
T: Hawaii? That sounds fantastic.
「ハワイ？ いいなあ、すごいな」

③ J: Are you married?
「あなたは結婚してるの？」
T: Yes. I got married ten years ago. Do you remember Hiromi from our seminar class?
「ああ、10年前に結婚した。ゼミのクラスのヒロミって子、覚えてるか？」
J: You're kidding! You married Hiromi? I didn't know that you two were a couple.
「冗談でしょ？ ヒロミと結婚したの？ 2人がつき合っていたなんて知らなかったわ」
T: Well, we were just friends in college, but we started dating after graduation.
「まあ、大学ではただの友達だったんだけど、卒業してからつき合い始めたんだよ」

④ J: So. Do you have any children?
「それで、子どもはいるの？」
T: Yeah. Two. A boy and a girl.
「ああ、2人。男の子と女の子だ」

J: How old are they?
「歳はいくつ？」

T: Well, my son's seven. He's in elementary school. And my daughter's four. She goes to kindergarten.
「えーと、息子が7歳。小学生だ。娘は4歳で幼稚園に行っている」

⑤ J: By the way, how's your job going?
「ところで、仕事の調子はどうなの？」

T: I'm really busy. I'm pretty sure that I'm going to be transferred to New York next year.
「すごく忙しい。来年、確実にニューヨークへ異動させられるよ」

J: New York! How long do you think you will stay there?
「ニューヨーク！　滞在予定はどれくらいなの？」

T: Three years. I really have to brush up on my English.
「3年。英語にマジで磨きをかけないとまずいよ」

⑥ T: By the way, are you busy next weekend?
「ところで、来週末、忙しいのか？」

J: Well, I have to work on Saturday but I'm free on Sunday. Why?
「えーと、土曜日は仕事だけど日曜日は暇よ。どうして？」

T: Well, why don't you and your fiancé come over for dinner? I'm sure that Hiromi would love to see you again.
「あのな、君と婚約者で家に晩ご飯を食べに来ないか？　ヒロミも君にまた会いたいと思うよ」

J: That'll be great.
「まあ。いいわね」

参考　日本語に訳すときに getting married「結婚する」と marriage「結婚」を混同することがあります。marriage は名詞で getting married は動詞だということに注意してください。また、英語では、一般的にカップルとして自分たちのことを話すときは、自分1人でパートナーが不在でも、we「私たち」と表現します。I'm going on my honeymoon.「私は新婚旅行に行きます」というと1人で行く印象を与えてしまいます。

「結婚」marriage については、整理すると be 動詞＋married「結婚している」、get married「結婚する」、marry＋人「～と結婚する」と使い方が分かれているので混同しないようにしましょう。

「英会話用基本語い 1250」リスト

　下記の語いリストは、本書で取り上げた日常英会話用の基本語い 1250 語のリストです。基本的な語ばかりですので、本書中で取り上げてあるページは割愛しています。

　ここで紹介した英会話用基本語い 1250 語は、主として中学で学ぶ基本的な日常語が多いのですが、accounting（経理部）や batter（衣用の生地）、condolence（お悔やみ）など、中学校では学ばない語いも入っています。

　私たちが日常の会話で使用する単語は 1 万語とも 2 万語とも言われますが、その中には繰り返して何度でも使用される語い群があります。こうした語の使用頻度は非常に高く、こうした基本語を知っているだけで、日常会話の 70％ は理解できると言われています。ここに紹介した日常会話用の基本単語をすべて覚えて、皆さんが英語で会話をするときにお役立てください。

【A】

- a
- about
- abroad
- accept
- accident
- accounting
- actor
- actually
- add
- admire
- aerobics
- afraid
- African
- after
- afternoon
- again
- agent
- ago
- agree
- air
- air conditioning
- airline
- airplane
- airport
- aisle
- alcohol
- all
- allow
- almost
- alone
- along
- already
- also
- although
- always
- am
- amazing
- America
- American
- among
- an
- and
- ankle
- anniversary
- another
- answer
- any
- anything
- anywhere
- Aomori
- apartment
- appeal
- appliance
- appointment
- appreciate
- approach
- are
- area
- arm
- around
- arrival
- arrive
- article
- as
- Asia
- Asian
- ask
- at
- attachment
- attend
- August
- Australia
- autocratic
- autumn
- available
- avoid
- away

【B】

- back
- backup
- bad
- bag
- bake
- bank
- barbecue
- bargain
- baseball
- basketball

「英会話用基本語い1250」リスト

- batter
- be
- beach
- beagle
- beautiful
- because
- become
- beep
- beer
- before
- beg
- begin
- behind
- believe
- bell
- bellhop
- belong
- belt
- best
- better
- bicycle
- big
- bike
- bill
- bird
- birthday
- bitter
- blank
- blog
- blood
- blossom
- blow
- blue
- book
- bookkeeper
- boom
- born

- borrow
- boss
- bottle
- box
- boy
- branch
- brandy
- brave
- break
- breathtaking
- bride
- bring
- broke
- brother
- brush
- building
- burn
- bus
- bush
- business
- busy
- but
- buy
- by

【C】

- cabin
- cake
- calculator
- calf
- call
- camera
- camping
- can
- cancel
- candle

- capable
- car
- card
- care
- careful
- carefully
- carrot
- carry
- carry-on
- cash
- cat
- cataract
- catch
- CD
- celebrate
- celebration
- cell phone
- center
- ceremony
- change
- chapel
- character
- charge
- cheap
- cheaply
- check
- check-in
- checkpoint
- cheer
- chef
- cherry
- chicken
- child
- childish
- childlike
- chill
- chocolate

- choose
- city
- civilization
- class
- classic
- classic
- classical
- classmate
- clerk
- client
- climbing
- close
- clothes
- cloud
- cloudy
- club
- coat
- coffee
- coin
- cold
- colleague
- college
- color
- come
- comic
- coming
- commute
- commuter
- company
- compartment
- complement
- complete
- composer
- computer
- concerned
- concert
- conditioner

- [ ] condo
- [ ] condolence
- [ ] condominium
- [ ] congratulation
- [ ] considerate
- [ ] consumer
- [ ] continue
- [ ] convenience
- [ ] convenient
- [ ] conversation
- [ ] cook
- [ ] cookie
- [ ] cool
- [ ] cooler
- [ ] corn
- [ ] corporation
- [ ] cost
- [ ] cough
- [ ] could
- [ ] country
- [ ] couple
- [ ] course
- [ ] cousin
- [ ] cracker
- [ ] crazy
- [ ] cream
- [ ] credit
- [ ] crowded
- [ ] cruise
- [ ] cup
- [ ] curry
- [ ] customer
- [ ] cyclone

【D】

- [ ] damage
- [ ] damaged
- [ ] dangerous
- [ ] dark
- [ ] date
- [ ] daughter
- [ ] day
- [ ] deadline
- [ ] deal
- [ ] dear
- [ ] death
- [ ] decide
- [ ] decision
- [ ] declare
- [ ] decorated
- [ ] deep-fried
- [ ] delay
- [ ] delayed
- [ ] delete
- [ ] delicious
- [ ] demand
- [ ] dentist
- [ ] department
- [ ] describe
- [ ] design
- [ ] dessert
- [ ] dictatorial
- [ ] did
- [ ] die
- [ ] diet
- [ ] different
- [ ] difficult
- [ ] digital
- [ ] dinner
- [ ] direction
- [ ] director
- [ ] discover
- [ ] discussion
- [ ] dish
- [ ] dishonest
- [ ] display
- [ ] division
- [ ] do
- [ ] doctor
- [ ] document
- [ ] dog
- [ ] down
- [ ] download
- [ ] dream
- [ ] drink
- [ ] drive
- [ ] driver
- [ ] drum
- [ ] during
- [ ] DVD

【E】

- [ ] each
- [ ] each
- [ ] each
- [ ] each
- [ ] early
- [ ] earthquake
- [ ] easily
- [ ] easy
- [ ] eat
- [ ] economic
- [ ] economics
- [ ] electrical
- [ ] elementary
- [ ] else
- [ ] email
- [ ] employee
- [ ] end
- [ ] engine
- [ ] English
- [ ] enjoy
- [ ] enough
- [ ] enter
- [ ] entertain
- [ ] environment
- [ ] Europe
- [ ] European
- [ ] evacuate
- [ ] even
- [ ] evening
- [ ] event
- [ ] ever
- [ ] every
- [ ] everyone
- [ ] everything
- [ ] exam
- [ ] exam
- [ ] excellent
- [ ] exciting
- [ ] excuse
- [ ] exist
- [ ] expect
- [ ] expensive
- [ ] express
- [ ] expressway
- [ ] extra

【F】

- [ ] fact
- [ ] fall
- [ ] family
- [ ] famous
- [ ] fan
- [ ] fanatic

「英会話用基本語い1250」リスト

- [ ] fancy
- [ ] fantastic
- [ ] far
- [ ] fare
- [ ] fashion
- [ ] fast
- [ ] fasten
- [ ] father
- [ ] favorably
- [ ] favorite
- [ ] feel
- [ ] feeling
- [ ] fever
- [ ] few
- [ ] fiancee
- [ ] fifteen
- [ ] fifth
- [ ] fight
- [ ] file
- [ ] fill
- [ ] film
- [ ] final
- [ ] finally
- [ ] find
- [ ] fine
- [ ] finish
- [ ] fire
- [ ] firecracker
- [ ] firefighter
- [ ] fireman
- [ ] fireworks
- [ ] firm
- [ ] first
- [ ] fish
- [ ] fit
- [ ] fix
- [ ] flash
- [ ] flexible
- [ ] flextime
- [ ] flight
- [ ] floor
- [ ] flu
- [ ] flute
- [ ] follow
- [ ] food
- [ ] for
- [ ] forecast
- [ ] foreign
- [ ] foreigner
- [ ] forever
- [ ] forget
- [ ] four
- [ ] fourth
- [ ] four-wheel drive
- [ ] free
- [ ] freedom
- [ ] freeway
- [ ] French
- [ ] French fries
- [ ] fresh
- [ ] Friday
- [ ] friend
- [ ] friendly
- [ ] frightened
- [ ] from
- [ ] fruit
- [ ] full
- [ ] full-time
- [ ] fun
- [ ] funeral

【G】

- [ ] gain
- [ ] game
- [ ] gate
- [ ] get
- [ ] gift
- [ ] girl
- [ ] girlfriend
- [ ] give
- [ ] glad
- [ ] glass
- [ ] glasses
- [ ] global
- [ ] gloomy
- [ ] glove
- [ ] gloves
- [ ] go
- [ ] golf
- [ ] good
- [ ] government
- [ ] graduation
- [ ] grandfather
- [ ] grandmother
- [ ] graphic
- [ ] great
- [ ] green
- [ ] grill
- [ ] groom
- [ ] guess
- [ ] guest
- [ ] guinea pig
- [ ] guitar
- [ ] gym
- [ ] gymnastics

【H】

- [ ] hail
- [ ] half
- [ ] halt
- [ ] hamster
- [ ] hand
- [ ] handwriting
- [ ] happen
- [ ] happiness
- [ ] happy
- [ ] hard
- [ ] have
- [ ] he
- [ ] headache
- [ ] health
- [ ] healthy
- [ ] hear
- [ ] heart
- [ ] heavily
- [ ] heavy
- [ ] heel
- [ ] hello
- [ ] help
- [ ] helpful
- [ ] her
- [ ] here
- [ ] hi
- [ ] high
- [ ] hiking
- [ ] him
- [ ] hip
- [ ] his
- [ ] hit
- [ ] hobby
- [ ] hold
- [ ] holiday
- [ ] home
- [ ] homesick
- [ ] hometown
- [ ] homework

- [ ] honest
- [ ] honeymoon
- [ ] honk
- [ ] hope
- [ ] horn
- [ ] horoscope
- [ ] hospital
- [ ] hospitality
- [ ] hot
- [ ] hotel
- [ ] hour
- [ ] house
- [ ] housework
- [ ] how
- [ ] however
- [ ] humid
- [ ] hundred
- [ ] hurricane
- [ ] hurry
- [ ] husband

[I]

- [ ] I
- [ ] ice
- [ ] icy
- [ ] idea
- [ ] if
- [ ] illness
- [ ] imagination
- [ ] immigration
- [ ] important
- [ ] import-export
- [ ] impressed
- [ ] improvement
- [ ] in
- [ ] influenza

- [ ] information
- [ ] innocence
- [ ] instant
- [ ] instead
- [ ] instructions
- [ ] interested
- [ ] interesting
- [ ] international
- [ ] Internet
- [ ] interstate
- [ ] into
- [ ] introduce
- [ ] invitation
- [ ] invite
- [ ] is
- [ ] it
- [ ] Italian

[J]

- [ ] jacket
- [ ] jam
- [ ] January
- [ ] Japanese
- [ ] Japanese-made
- [ ] jazz
- [ ] jealous
- [ ] job
- [ ] jogging
- [ ] join
- [ ] journey
- [ ] jump
- [ ] junior
- [ ] just

[K]

- [ ] karaoke
- [ ] keep
- [ ] kid
- [ ] kilometer
- [ ] kind
- [ ] kind
- [ ] kindergarten
- [ ] Klaxon
- [ ] knee
- [ ] know

[L]

- [ ] Labrador
- [ ] language
- [ ] large
- [ ] last
- [ ] late
- [ ] later
- [ ] latest
- [ ] Laundromat
- [ ] laundry
- [ ] lazy
- [ ] learn
- [ ] least
- [ ] leave
- [ ] left
- [ ] leg
- [ ] lend
- [ ] less
- [ ] let
- [ ] license
- [ ] life
- [ ] light
- [ ] lightning

- [ ] like
- [ ] line
- [ ] listen
- [ ] little
- [ ] live
- [ ] liver
- [ ] lobby
- [ ] local
- [ ] locate
- [ ] logic
- [ ] long
- [ ] look
- [ ] lose
- [ ] loss
- [ ] lost
- [ ] lot
- [ ] loud
- [ ] loudly
- [ ] love
- [ ] lovely
- [ ] lucky
- [ ] lunch

[M]

- [ ] major
- [ ] make
- [ ] man
- [ ] management
- [ ] manager
- [ ] mansion
- [ ] many
- [ ] marketing
- [ ] marriage
- [ ] married
- [ ] marry
- [ ] may

「英会話用基本語い1250」リスト

- [ ] me
- [ ] meal
- [ ] meat
- [ ] medicine
- [ ] medium
- [ ] medium-rare
- [ ] meet
- [ ] meeting
- [ ] member
- [ ] men
- [ ] merit
- [ ] message
- [ ] metabolic
- [ ] Mexican
- [ ] middle
- [ ] milk
- [ ] minute
- [ ] miss
- [ ] Miss
- [ ] mixed-breed.
- [ ] model
- [ ] modem
- [ ] moment
- [ ] Monday
- [ ] money
- [ ] month
- [ ] more
- [ ] morning
- [ ] most
- [ ] mother
- [ ] motorcycle
- [ ] mountain
- [ ] move
- [ ] movie
- [ ] moviegoer
- [ ] Mr.
- [ ] Ms.
- [ ] much
- [ ] muffler
- [ ] music
- [ ] musician
- [ ] must
- [ ] my

【N】

- [ ] nail
- [ ] name
- [ ] navigation
- [ ] near
- [ ] necessary
- [ ] need
- [ ] negative
- [ ] negotiation
- [ ] neighborhood
- [ ] nervous
- [ ] never
- [ ] new
- [ ] newly
- [ ] news
- [ ] newspaper
- [ ] next
- [ ] nice
- [ ] night
- [ ] no
- [ ] none
- [ ] noodle
- [ ] noon
- [ ] north
- [ ] nose
- [ ] not
- [ ] nothing
- [ ] notice
- [ ] notorious
- [ ] novel
- [ ] now
- [ ] nowadays
- [ ] number

【O】

- [ ] occur
- [ ] ocean
- [ ] of
- [ ] off
- [ ] office
- [ ] officer
- [ ] often
- [ ] oh
- [ ] oil
- [ ] oily
- [ ] OK
- [ ] old
- [ ] Olympic
- [ ] Olympics
- [ ] on
- [ ] once
- [ ] one
- [ ] onion
- [ ] only
- [ ] open
- [ ] opera
- [ ] operation
- [ ] opinion
- [ ] or
- [ ] orange
- [ ] order
- [ ] original
- [ ] other
- [ ] our
- [ ] out
- [ ] outfit
- [ ] outgoing
- [ ] outside
- [ ] over
- [ ] overhead
- [ ] overseas
- [ ] overtime
- [ ] own

【P】

- [ ] pace
- [ ] package
- [ ] painter
- [ ] pants
- [ ] paper
- [ ] pardon
- [ ] parent
- [ ] park
- [ ] parking
- [ ] part
- [ ] particular
- [ ] particularly
- [ ] part-time
- [ ] party
- [ ] pass
- [ ] passenger
- [ ] patient
- [ ] pattern
- [ ] pay
- [ ] people
- [ ] perfectionist
- [ ] perfume
- [ ] person
- [ ] personality
- [ ] personally
- [ ] personnel

- [ ] pet
- [ ] phone
- [ ] phrase
- [ ] piano
- [ ] pick
- [ ] picnic
- [ ] piece
- [ ] pizza
- [ ] place
- [ ] plan
- [ ] plane
- [ ] plate
- [ ] play
- [ ] play
- [ ] please
- [ ] pleased
- [ ] pleasure
- [ ] plenty
- [ ] point
- [ ] police
- [ ] poodle
- [ ] pool
- [ ] pop
- [ ] popular
- [ ] post
- [ ] postpone
- [ ] pot
- [ ] potato
- [ ] practice
- [ ] predict
- [ ] prefer
- [ ] present
- [ ] pretty
- [ ] prevent
- [ ] price
- [ ] private

- [ ] problem
- [ ] product
- [ ] production
- [ ] program
- [ ] project
- [ ] propose
- [ ] proud
- [ ] push-ups
- [ ] put

[Q]

- [ ] quarter
- [ ] question
- [ ] quickly
- [ ] quiet
- [ ] quit
- [ ] quiz

[R]

- [ ] rabbit
- [ ] rain
- [ ] rainy
- [ ] range
- [ ] rare
- [ ] raw
- [ ] read
- [ ] ready
- [ ] really
- [ ] reason
- [ ] receive
- [ ] recently
- [ ] reception
- [ ] recommend
- [ ] record
- [ ] recover

- [ ] recycle
- [ ] red
- [ ] reform
- [ ] refrigerator
- [ ] reggae
- [ ] relate
- [ ] relax
- [ ] relieve
- [ ] remember
- [ ] remodel
- [ ] renovate
- [ ] rent
- [ ] repair
- [ ] repeat
- [ ] reply
- [ ] report
- [ ] request
- [ ] reservation
- [ ] resort
- [ ] respect
- [ ] restaurant
- [ ] return
- [ ] reunion
- [ ] rice
- [ ] rich
- [ ] rid
- [ ] ride
- [ ] right
- [ ] road
- [ ] roar
- [ ] rock
- [ ] roll
- [ ] room
- [ ] rough
- [ ] routine
- [ ] roux
- [ ] rumor

- [ ] run
- [ ] run
- [ ] runny
- [ ] rush

[S]

- [ ] sad
- [ ] safe
- [ ] salad
- [ ] sale
- [ ] salt
- [ ] salty
- [ ] same
- [ ] sashimi
- [ ] Saturday
- [ ] sauce
- [ ] save
- [ ] say
- [ ] scared
- [ ] schedule
- [ ] school
- [ ] sea
- [ ] seafood
- [ ] seaside
- [ ] season
- [ ] seat
- [ ] second
- [ ] secretly
- [ ] section
- [ ] security
- [ ] see
- [ ] seem
- [ ] selfish
- [ ] sell
- [ ] seminar
- [ ] send

「英会話用基本語い1250」リスト

- [ ] senior
- [ ] sentence
- [ ] service
- [ ] set
- [ ] seven
- [ ] several
- [ ] shall
- [ ] shape
- [ ] she
- [ ] shibainu
- [ ] shocked
- [ ] shoe
- [ ] shoot
- [ ] shop
- [ ] shopping
- [ ] short
- [ ] should
- [ ] shoulder
- [ ] shy
- [ ] sick
- [ ] side
- [ ] sideways
- [ ] sign
- [ ] simple
- [ ] since
- [ ] sing
- [ ] single
- [ ] sink.
- [ ] sister
- [ ] sit
- [ ] six
- [ ] size
- [ ] skewer
- [ ] ski
- [ ] skill
- [ ] sky
- [ ] sleep
- [ ] sleet
- [ ] slice
- [ ] slim
- [ ] small
- [ ] smile
- [ ] smoking
- [ ] smooth
- [ ] sneeze
- [ ] snow
- [ ] snowstorm
- [ ] so
- [ ] soccer
- [ ] sociable
- [ ] social
- [ ] sock
- [ ] solve
- [ ] some
- [ ] someday
- [ ] someone
- [ ] something
- [ ] sometime
- [ ] sometimes
- [ ] son
- [ ] song
- [ ] songwriter
- [ ] soon
- [ ] sore
- [ ] sorry
- [ ] sound
- [ ] soup
- [ ] sour
- [ ] southeast
- [ ] space
- [ ] speak
- [ ] special
- [ ] specialty
- [ ] spend
- [ ] spicy
- [ ] split
- [ ] sport
- [ ] sports
- [ ] spring
- [ ] stadium
- [ ] stage
- [ ] stair
- [ ] star
- [ ] start
- [ ] station
- [ ] stay
- [ ] steak
- [ ] steely
- [ ] stereo
- [ ] sticky
- [ ] still
- [ ] stingy
- [ ] stomachache
- [ ] stop
- [ ] store
- [ ] storm
- [ ] story
- [ ] strange
- [ ] street
- [ ] stress
- [ ] stressed
- [ ] strongly
- [ ] stuck
- [ ] student
- [ ] study
- [ ] style
- [ ] suburb
- [ ] subway
- [ ] succeed
- [ ] successful
- [ ] such
- [ ] suddenly
- [ ] suffer
- [ ] suit
- [ ] suitcase
- [ ] summer
- [ ] Sunday
- [ ] sunny
- [ ] sunset
- [ ] supermarket
- [ ] supportive
- [ ] sure
- [ ] surgery
- [ ] surprise
- [ ] surprised
- [ ] surprising
- [ ] sushi
- [ ] sweater
- [ ] sweet
- [ ] swim
- [ ] swimming
- [ ] sympathy
- [ ] syndrome
- [ ] system

【T】

- [ ] table
- [ ] take
- [ ] takeoff
- [ ] talk
- [ ] target
- [ ] taxi
- [ ] teacher
- [ ] team
- [ ] teen
- [ ] teenage
- [ ] teenage

- telephone
- television
- tell
- teller
- tempura
- ten
- tennis
- tent
- test
- than
- thank
- thanks
- that
- the
- theater
- their
- them
- then
- there
- therefore
- these
- they
- thing
- think
- third
- thirty
- this
- those
- though
- thoughtful
- thousand
- three
- throat
- through
- throw
- thunder
- thunderstorm

- ticket
- time
- timid
- tire
- tired
- title
- to
- toast
- today
- together
- tomorrow
- tonight
- too
- tough
- tour
- tourist
- trade
- traditional
- traffic
- train
- training
- transfer
- translate
- travel
- traveling
- trend
- trip
- tropical
- true
- trunk
- try
- tsunami
- turn
- turtle
- TV
- twenty
- twice

- two
- type
- typhoon

【U】

- umbrella
- uncomfortable
- under
- understand
- understanding
- United Nations
- United States
- university
- until
- up
- update
- us
- use
- used
- useful
- usually

【V】

- tion
- Valentine's Day
- vegetable
- very
- view
- violin
- violinist
- visit
- visitor
- volleyball

【W】

- waist
- waitress
- wake
- wake-up call
- walk
- wallet
- want
- ward
- warm
- warmly
- was
- washer
- watch
- water
- way
- we
- wear
- weather
- website
- wedding
- week
- weekend
- weight
- welcome
- well
- well-done
- were
- western
- wet
- what
- when
- whenever
- where
- which
- who

「英会話用基本語い1250」リスト

- [ ] whom
- [ ] why
- [ ] wife
- [ ] wild
- [ ] will
- [ ] win
- [ ] wind
- [ ] window
- [ ] windy
- [ ] wine
- [ ] winter
- [ ] wireless

- [ ] wish
- [ ] with
- [ ] woman
- [ ] wonderful
- [ ] word
- [ ] work
- [ ] worker
- [ ] working
- [ ] workplace
- [ ] world
- [ ] worried
- [ ] worry

- [ ] would
- [ ] wow
- [ ] wrist
- [ ] write
- [ ] writer
- [ ] writing
- [ ] wrong

- [ ] 【Y】

- [ ] yeah
- [ ] year

- [ ] yen
- [ ] yes
- [ ] yesterday
- [ ] yoga
- [ ] you
- [ ] young
- [ ] your
- [ ] yourself

*　　　　　*　　　　　*

著者略歴

ダイアン・ホーリー・ナガトモ

略歴：1979年より日本在住。玉川大学講師を経て、現在はお茶の水女子大学文教育学部言語文化学科で准教授として教鞭をとる。著書に『Simply Speaking 大学生のためのやさしい英会話教室』、『Simply Writing Step by step mastery of written English』（金星堂）がある。共著に『リズムで覚える英語のリスニング』（ナツメ社）、『アジア文化で学ぶ大学総合英語』（南雲堂）、『仕事の英語シリーズ』（アスク出版）ほかがある。また中学校英語教科書『One World』（教育出版）の教科書委員会に参画。さらに毎日ウイークリーでコラムを担当し数多くの記事を寄稿している。現在 Macquarie University で博士課程コースに在籍し、EFL materials development と teacher identity について研究している。

執筆協力

長友 信

略歴：鹿児島県出身、現在バセル株式会社 代表取締役および関東情報産業共同組合理事。1972年、法政大学経済学部を卒業後すぐに渡米。1979年、カリフォルニア州立大学ロングビーチ校スペイン語科を卒業後、カリフォルニア州輸出促進委員会の委員として東京事務所に着任。カリフォルニア州産農産物（特に、カリフォルニアワイン）の日本市場開発を担当する。その後、カリフォルニア州輸出促進委員会解散と同時に、ＤＡスポーツ（株）に取締役として参画。レンドル、ベッカー、サバティーニ、グラフ等のトップテニスプレーヤー日本招致のコーディネートを担当する。1985年、オーストラリア・オランダの合弁会社バセル（株）に取締役として参画。カンガルー革・肉の日本市場開発を担当し、1992年、バセル（株）代表取締役に就任、現在に至る。オーストラリア貿易の経験20年以上。

- ●編集担当　　　斉藤正幸（ナツメ出版企画株式会社）
- ●編集協力　　　小菅淳（株式会社交学社）
- ●本文デザイン　青柳令子（株式会社カワセミ）

ナツメ社Webサイト
http://www.natsume.co.jp
書籍の最新情報（正誤情報を含む）は
ナツメ社Webサイトをご覧ください。

英語がしゃべれるトレーニング・ブック

2009年2月9日　第1版第1刷発行

著　者　　ダイアン・ホーリー・ナガトモ
　　　　　　　Ⓒ Diane Hawley NAGATOMO, 2009
発行者　　田村正隆

発行所　　**株式会社ナツメ社**
　　　　　東京都千代田区神田神保町 1-52　加州ビル 2F（〒 101-0051）
　　　　　電話　03(3291)1257(代表)　FAX　03(3291)5761
　　　　　振替　00130-1-58661
制　作　　**ナツメ出版企画株式会社**
　　　　　東京都千代田区神田神保町 1-52　加州ビル 3F（〒 101-0051）
　　　　　電話　03(3295)3921(代表)
印刷所　　**株式会社 技秀堂**

ISBN978-4-8163-4638-5　　　　　　　　　　　　　Printed in Japan

〈定価はカバーに表示してあります〉
〈落丁・乱丁本はお取り替えします〉

本書の一部分または全部を著作権法で定められている範囲を超え、ナツメ出版企画株式会社に無断で複写、複製、転載、データファイル化することを禁じます。